书山有路勤为泾，优质资源伴你行
注册世纪波学院会员，享精品图书增值服务

LEAD NOW! 领导力模型
21项领导力行为习惯

关注成果

建立目标

I

II

实现卓越

1.客户导向
2.有效沟通
3.演讲技巧
4.战略思维

5.制定决策
6.有效授权
7.可信赖性
8.结果导向
9.诚信正直
10.解决问题

关注外部

关注内部

18.变革管理
19.创新
20.激励承诺
21.组织智慧

11.教练
12.自我管理
13.倾听技巧
14.个人发展
15.团队建设
16.时间管理
17.尊重他人

领导变革

IV

III

发展自我与他人

关注人

LEAD NOW! MODEL
21 Leadership Dimensions

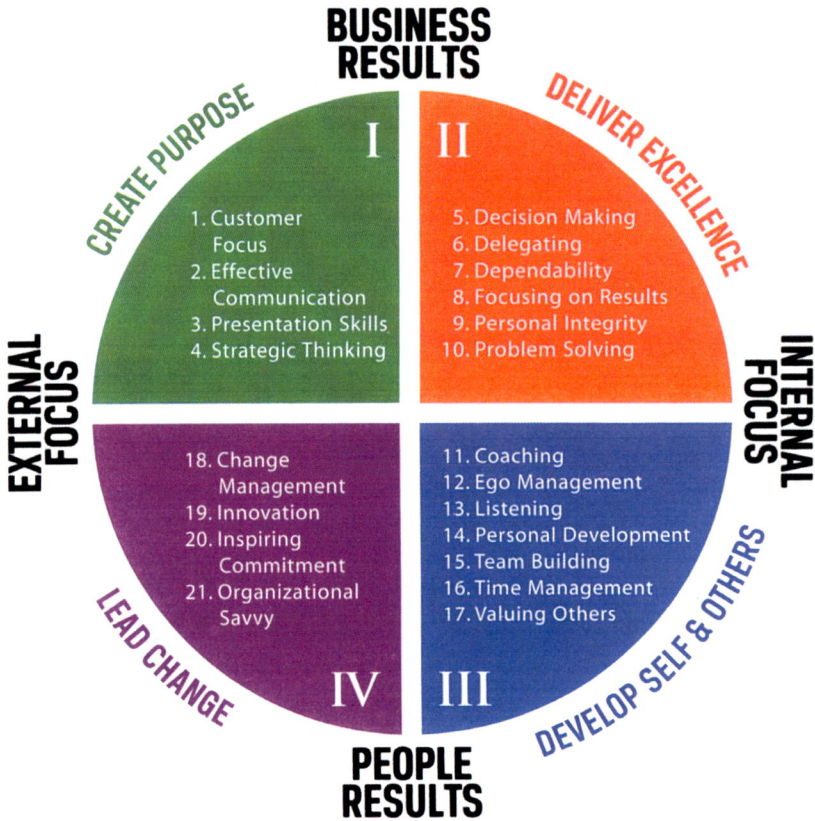

BUSINESS RESULTS

CREATE PURPOSE

DELIVER EXCELLENCE

EXTERNAL FOCUS

INTERNAL FOCUS

I
1. Customer Focus
2. Effective Communication
3. Presentation Skills
4. Strategic Thinking

II
5. Decision Making
6. Delegating
7. Dependability
8. Focusing on Results
9. Personal Integrity
10. Problem Solving

IV
18. Change Management
19. Innovation
20. Inspiring Commitment
21. Organizational Savvy

III
11. Coaching
12. Ego Management
13. Listening
14. Personal Development
15. Team Building
16. Time Management
17. Valuing Others

LEAD CHANGE

DEVELOP SELF & OTHERS

PEOPLE RESULTS

领导力
行动学习
手册

21项可实践、可提升的领导力行为习惯

LEAD
NOW!

A Personal Leadership Coaching Guide for Results-Driven Leaders

[美] 约翰·帕克·斯图尔特（John Parker Stewart）
丹尼尔·J·斯图尔特（Daniel J. Stewart） 著

王育梅 译

电子工业出版社
Publishing House of Electronics Industry
北京·BEIJING

John Parker Stewart and Daniel J. Stewart: Lead Now! : A Personal Leadership Coaching Guide for Results-Driven Leaders

ISBN: 978-1930771406

Copyright © 2012 by J.P. Stewart Systems, Inc.

All rights reserved.

Chinese (in Simplified character only) translation copyright © 2016 by Publishing House of Electronics Industry.

Chinese (in Simplified character only) translation rights arranged with Global Education Center of China.

版权贸易合同登记号　图字：01-2016-7091

图书在版编目（CIP）数据

领导力行动学习手册：21 项可实践、可提升的领导力行为习惯 ／（美）约翰·帕克·斯图尔特（John Parker Stewart），（美）丹尼尔·J·斯图尔特（Daniel J. Stewart）著；王育梅译. —北京：电子工业出版社，2016.10

书名原文：Lead Now!: A Personal Leadership Coaching Guide for Results-Driven Leaders

ISBN 978-7-121-29991-9

Ⅰ. ①领… Ⅱ. ①约… ②丹… ③王… Ⅲ. ①领导学—研究 Ⅳ. ①C933

中国版本图书馆 CIP 数据核字(2016)第 233637 号

策划编辑：聂志尊
责任编辑：杨洪军
印　　刷：河北虎彩印刷有限公司
装　　订：河北虎彩印刷有限公司
出版发行：电子工业出版社
　　　　　北京市海淀区万寿路 173 信箱　邮编 100036
开　　本：720×1000　1/16　印张：14.25　字数：177 千字　彩插：1
版　　次：2016 年 10 月第 1 版
印　　次：2025 年 7 月第 26 次印刷
定　　价：48.00 元

与大多数人看法相反的是，领导者不是天生的。领导者都是通过后天的努力和辛勤工作而成为领导者的。

——文斯·隆巴迪

（美国职业橄榄球联赛最成功、最受尊敬的教练）

赞　誉

　　我强烈推荐 LEAD NOW! 领导力教练书籍及学习项目。LEAD NOW! 领导力培训项目是我参与过的最好的，通过提升组织领导者能力而带动组织变革的领导力提升项目。他们的培训非常有效！我的团队和我在 15 年与 LEAD NOW! 项目的学习中受益良多。领悟 LEAD NOW! 的精髓，你将成为更好的自己、更好的领导者，我每天都在使用 LEAD NOW! 模型和工具。

Jay F. Honeycutt
美国肯尼迪航空中心 CEO

　　一家企业要成功的最重要资产是其领导的力量。LEAD NOW! 领导力教练项目为我们提供了行动导向的变革管理及领导力提升工具。我认可并推荐使用 LEAD NOW! 领导力教练！它帮助企业提升战略计划、项目效果、客户满意度及人员成长。约翰·斯图尔特将其数十年组织教练的经验进行提炼和总结，提供了可以"做到"的方法来提升我们的领导能力。我推荐 LEAD NOW! 领导力教练，支持此书的出版，并坚信这是每个领导者实际应用并提升领导技巧所必须使用的工具书。

Carey A. Smith

霍尼韦尔技术解决方案公司主席

毋庸置疑，LEAD NOW! 领导力教练是我最印象深刻的、引发灵感的、令人激动的商业培训。LEAD NOW! 包含了所有组织领导者所需要的关键技术，是每个领导者职业生涯成长的最佳培训学习内容。

代建功

搜房控股有限公司总裁

这绝不是另一个普通的领导者培养项目，LEAD NOW! 领导力教练是经过 30 多年帮助各类领导者提升领导力的实践经验所提炼形成的。我绝对随身带着这本书，尤其是进入总裁办公室时。感谢你，约翰及约翰的团队！

Ken Asbury

美国 CACI, Inc.，主席

伟大的领导力是一门艺术，要求领导者具备优秀的倾听能力、深思熟虑的分析能力、良好的沟通技巧以及快速行动能力等，并能灵活地组合运用。LEAD NOW! 领导力教练，将所有领导者需要提升的能力整合在一起，形成非常实用的、易于掌握的、可付诸实施的领导力教练工具书，是任何人期望成为更好的领导者所必备的。

Will Irving

澳洲电信悉尼及墨尔本区域常务董事

LEAD NOW! 领导力教练，是实用性很强的领导力参考指南及学习项目。LEAD NOW! 对领导力有深刻的见解，久经时间的考验，着重于"如何做"提出实际的易于使用的工具和建议，帮助领导者快速学习，聚焦可持续学习与成长，设定个性化行动计划应对变化。LEAD NOW! 领导力教练是不可或缺的领导力实践工具书及学习项目，对践行领导力的新手及老手具有类似的实践价值。

Michael Millane

美国英特尔公司首席项目经理

LEAD NOW! 领导力教练以及后续的学习培养项目，是每个期望成为领导者的人的定位与引领。成功的企业资深领导者，不仅是组织核心团队的成员，也是团队的领导者——这本书是实现这一目标的最实用的工具书。

Ray Kiley

医疗及健康解决方案新西兰及澳大利亚首席运营官

我发自内心地认可和推荐 LEAD NOW! 领导力教练项目。LEAD NOW! 领导力教练对领导力的组成和培养有深厚的理解，我从中受益匪浅，获得了非常实用的领导力学习和提升的具体工具与方法，能帮助我直接面对个人和职场领导力的挑战！

Michael A. Dignam

PAE 主席及 CEO

译者序

入行 12 年，深知"要给别人一杯水，自己要有一桶水"的道理，作为 AACTP 美国培训认证协会中国区主席，不断提升自己的专业深度的同时，要与时俱进扩宽自己的视野。每年去美国，参加各类行业协会的峰会，已成习惯，好的学问见识过不少，但很少有让我佩服的。2015年 5 月 ATD 峰会，在协会推荐下认识了本书的作者约翰和丹尼尔，短短 1 个多小时的交流，拜服于此书对团队领导力培养的简单、易用、高效，是每个繁忙领导者随身携带的工具书……回到中国，我快速启动了《LEAD NOW!》的中文版翻译。

想到领导力的书籍，大部分读者脑海里可能浮现一本本"大部头"。与领导力有关的名家著作并不在少数，经典如彼得·德鲁克的《第五项修炼》，十年前读过，再翻阅仍有新的领悟与收获。

想到领导者，大部分人可能马上想到的是乔布斯、马云等，看到水平的同时也看到了差距。**到达成功的彼岸，成为自我认可的领导者，可能吗？有路径吗？需要多长时间？**

约翰和丹尼尔用他们 38 年的高管领导力教练经验，写下了本书，前言用淘金者的故事，简单地道出了约翰和丹尼尔对领导力培养的理解：培养领导力就像淘金一样，你无法直接"淘到"大金块，而是淘到无数的金沙，聚沙成塔，"淘成"大金块！

如何做？领导力实践五步骤

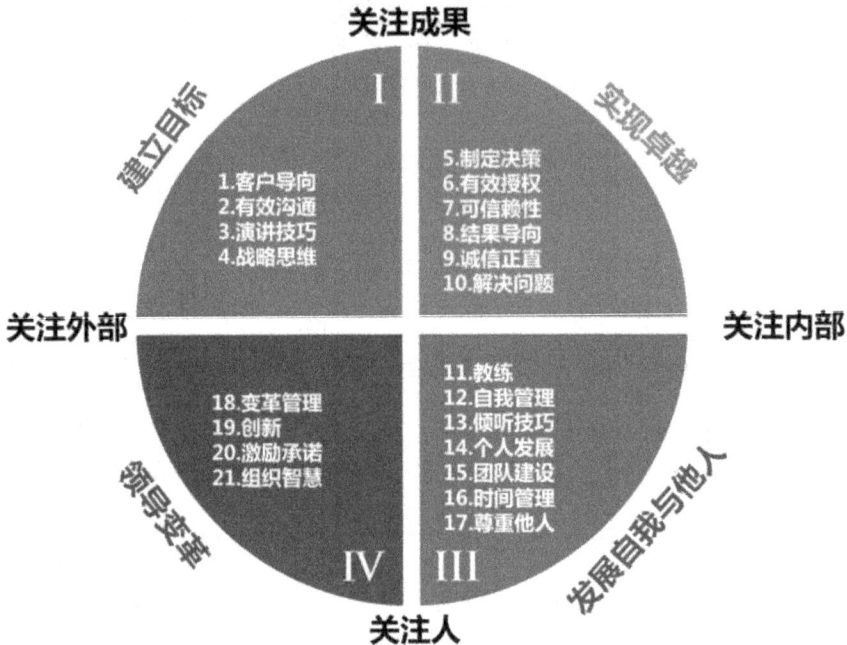

LEAD NOW! 模型，是约翰和丹尼尔38年高管领导力教练经验的高度提炼，将抽象的领导力，变成身边随时随地可实践提升的点滴行为能力：按对内对外、对人对事划分为四象限21项领导力行为习惯，每项领导力行为习惯提供了30~40条久经检验的实践建议。提升领导力，你只需：

1. 确定维度。我想要提升的是对内部管理还是外部管理？是对人管理还是对事管理？找到自己想要提升的维度，如对内对事，对应维度为"实现卓越"。

2. 确定行为习惯。阅读该维度中各项行为习惯的定义，找出其中一项你最希望提升的行为习惯。

3. 找出 3~5 条实践建议。阅读该行为习惯中 30 条左右的实践建议，从中找出 3~5 条当下自己认为最有效的建议。

4. 制定行动计划。基于 3~5 条实践建议，设定接下来一个月时间，自己的实践应用的具体行动方案。

5. 循环。回到第 1 步，再次选择提升的"1 个提升维度—1 项行为习惯—3~5 条实践建议—1 个月行动实践"。

什么时候能做到？我的目标是实现"与日俱增"

中国明代最著名的思想家、哲学家、书法家和军事家王阳明说："知者行之始，行者知之成。"以知为指导的行，才能行之有效，脱离知的行，则是盲动。同样，以行验证的知才是真知灼见，脱离行的知则是空知。做到知行合一：一是要善于在实践中学习，边实践、边学习、边积累。二是要躬行实践，即把学习得来的知识用在实际工作中，解决实际问题。领导力提升的目标的实现，就如淘金者故事中所说的一样：聚沙成塔，与日俱增。

我从事培训行业工作 12 年，如果用一句话来说明白我 12 年做的是什么，就是：我帮助企业设计关键人才培养规划与实施，通过培养对象的行为和绩效变化差异，来衡量培养的最终效果。在对不同行业不同关键人才的培养规划设计和实施的过程中，关于管理者领导能力的培养，是普遍的难题。如何有效地培养并输出企业所需的领导者和管理者，通过此书，我看到了清晰的路径和方法，借由我的参与和付出，我相信无论对个人还是对组织，关于如何培养团队领导力，均会带来新的认知和收获。

在本书 8 个月的翻译中，丹尼尔隔着大西洋彼岸的时差，通过无数电话、邮件、Skype，持续不断地解答我对《LEAD NOW!》翻译过程中的各种疑问。约翰和丹尼尔不仅仅是作者，更是言传身教的教练，感谢！

中文版序

英文原版的《领导力行动学习手册》，是一本紧密围绕着以结果导向的领导力培养的行动学习手册，已经出版四年。我们非常高兴地看到全球数千领导者在使用并认可本书，使用 LEAD NOW!领导力模型帮助了许许多多人提升了带领团队的能力。

我们坚信，培养敏捷的、强有力的领导者，给予领导团队充分的授权，是建立真正有影响力的优秀组织的根基。我们出版本书，是为了帮助所有领导者从中获得领导力提升的个人收益、团队收益以及组织收益。

我们非常兴奋可以将本书推荐给中国读者。我们选择中文作为本书的第一个外文版本，期待此书能帮助全世界中文范围内的领导者。我们相信并期待本书的原理能激发并培养领导者获得对商业和对团队的成功结果。

尤为荣幸及感谢我们的中文合作伙伴——王育梅和美国培训认证协会（AACTP），将此书带入中国，通过美国培训认证协会，将帮助中国以及亚太地区的华人领导者通过学习本书而获益。感谢王育梅和美国

培训认证协会的投入让这一切变为现实！

我们期望与你共同走向领导力成长的旅程！

约翰·帕克·斯图尔特

丹尼尔·J·斯图尔特

前　言

　　本书是多年研究极度繁忙的领导者的成果。大部分领导者希望持续进步，但仅是管理现有的工作，时间已不够。我们出版《LEAD NOW!》的最大动力，是希望帮助忙碌的领导者提炼一个实用的、有效的、易于教导的、易于学习的，以及与通常理解一致的领导力行为习惯提升模型。这个模型也就是 LEAD NOW!——不仅系统归纳出基于四维度 21 项领导力行为习惯清单，更提供了提升各项领导力的实用技巧、练习、行动计划，有效地帮助领导者与组织快速学习并改进。本书中有实用的自我教练清单与步骤，帮助你个人成长，进而成为卓越的领导者。

　　LEAD NOW! 领导力发展模型，为各层级的领导者如何管理和带领团队面对各种紧急关键时刻，提供了一个简单而又详尽的模型与支持。LEAD NOW! 领导力发展模型，是用超过 50 年时间，对 500 强企业、政府、初创公司的经验进行提炼，对各种领导力咨询项目的经验进行提炼，对长期高管教练辅导的经验进行提炼，并且将这些提炼的经验与行业最佳实践、学术研究成果等整合在一起而最终沉淀形成的成果。LEAD NOW! 模型，是繁忙的领导者在当下快速变化的环境中，提升及优化领导能力的简单有效的方法。

LEAD NOW！领导力模型

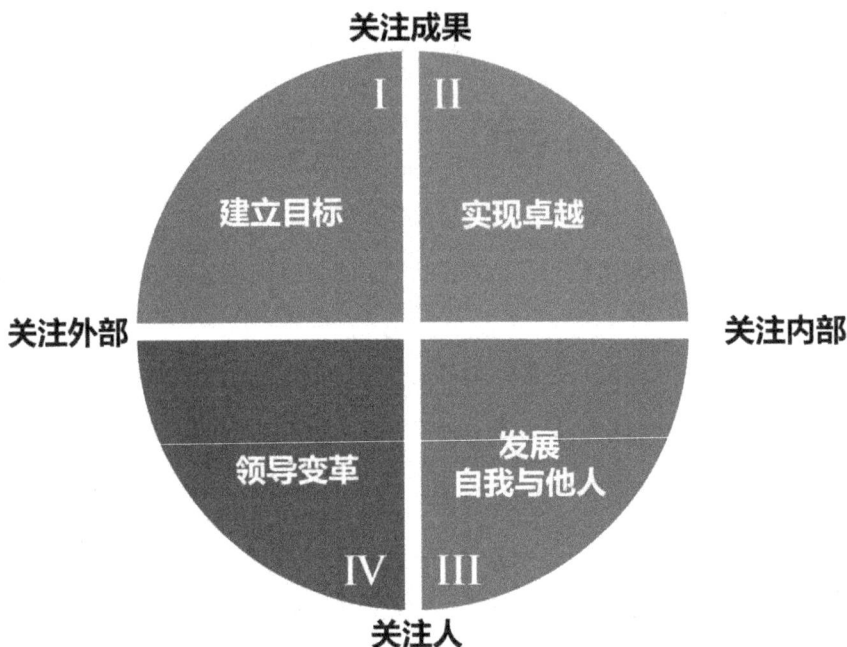

LEAD NOW！领导力模型，基于领导者必须从四个方面获得成果：他们的人员、他们的商业，他们的市场（外部）、他们的组织（内部）。从这四个方面进而形成了四维度杰出领导力：**建立目标，实现卓越，发展自我与他人，**以及**领导变革**。每个象限中细化形成 4~7 项领导力行为习惯，形成深入发展领导力的行动计划。

领导才能对于组织的绩效表现至关重要，领导者通过聚焦及持续成长变得更好。无论你需要进行一次一对一教练、一个领导力工作坊，还是更大型的领导力提升项目，LEAD NOW！领导力发展模型为各种个性化领导力提升的实践提供了工具和方法。

使用 LEAD NOW！模型，将帮助你识别并改进你作为领导者成功带领团队达成期望成果所需的行为。

本书的大部分内容来源于数百条实践总结的教练技巧，并按照 21 项领导力行为习惯进行分类。其中的名人名言、实践建议，以及推荐书籍等都是专门为繁忙的你定制的，并按四象限清晰划分。在每项领导力行为习惯最后的"自我测评"环节，包含该行为习惯中关键的测评问题，帮助你对照自己当前领导力的能力与认知。测评后有"行动计划"环节，帮助你设定明确的目标进行改进。

LEAD NOW！领导力模型

21 项领导力行为习惯

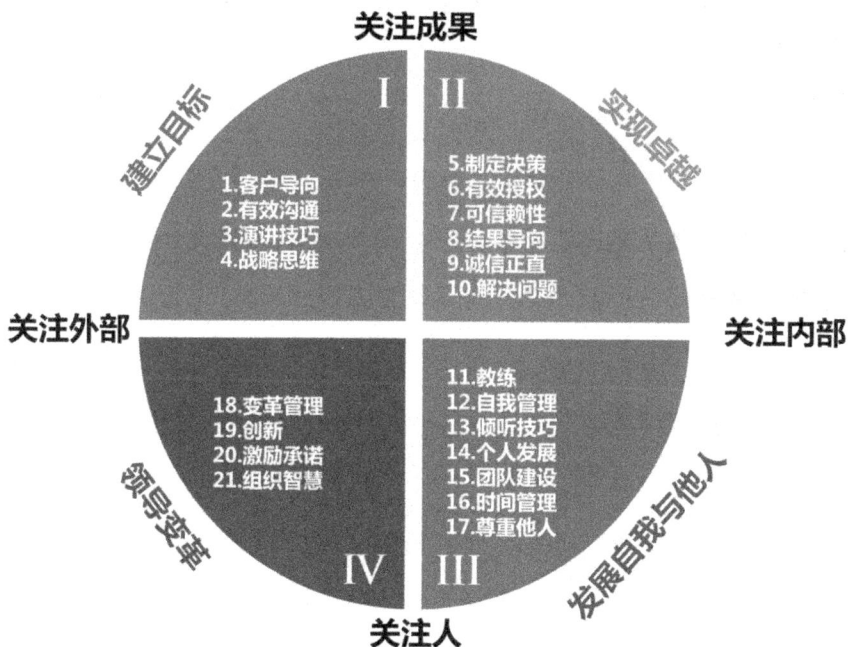

关注成果

I　II

建立目标　实现卓越

1.客户导向
2.有效沟通
3.演讲技巧
4.战略思维

5.制定决策
6.有效授权
7.可信赖性
8.结果导向
9.诚信正直
10.解决问题

关注外部　　　　　　　关注内部

18.变革管理
19.创新
20.激励承诺
21.组织智慧

11.教练
12.自我管理
13.倾听技巧
14.个人发展
15.团队建设
16.时间管理
17.尊重他人

领导变革　发展自我与他人

IV　III

关注人

在本书的最后，还有领导力训练与测试，当你新晋到一个管理职位、与新同事进行合作，或者寻求当前职位工作的改进时，这些领导力训练与测试是非常有帮助的。

本书中每章都会有以下模块，指导你更好地使用这本领导力工具书：

自我测评。自我测评给予你进行领导力自我评估的工具，通过测评，帮助你评价分析你自身的领导才能、技巧以及行为能力现状。

我的笔记。让你随时记录下你阅读本书过程中的各种想法。

行动计划。出现在两种情况下：（1）每个领导力维度中（帮助你根据每个领导力维度的学习进行行动计划的设计）；（2）独立的行动计划。

再版后的新版本设计让本书成为一本完整的领导力工具书，帮助你获得你期望的领导力提升成效。那么，你的挑战是提升你的能力、才能、技巧等，帮助你通过努力提升到你期望达到的状态！

LEAD NOW!

企业高管领导力培养
实践案例集

1. ASRC Federal

美国政府供应商，每年获得130亿美元的政府采购合同，拥有5 000多名员工。

背景：ASRC Federal需要培养他们的高潜力人才，以形成内部领导力人才成长梯队，最终培养输送适合的人才到高管职位。

解决方案：基于LEAD NOW! 领导力教练的四维度21项行为习惯，结合ASRC Federal的实际现状，量体裁衣设计出与ASRC Federal现状匹配的领导力培养项目，包括针对领导力提升的专项培训课程，以及后续长达12个月的每月一对一高管领导力教练辅导的设计和实施。总共有25位总监、总裁以及总经理职位的领导者参与到该项目中。

成果：LEAD NOW! 领导力教练项目的投入，在不到一年的时间，参与项目的 ASRC Federal 的领导者对比其他管理者,获得了更大的在组织中晋升和发展的通道,参与项目的领导者成为高管的继任者。第二年的 LEAD NOW! 领导力教练项目的持续推行,带来了对 ASRC Federal 企业文化的深入及高管领导力的持续提升。

2. OrbitalATK 公司

美国航空及防御技术领域公司,每年超过 28 亿美元收入,有超过 12 000 名员工。

背景:OrbitalATK 根据企业战略与成长目标,设定了相应的组织领导力提升要求。当时公司的资深管理者并不认为他们的领导者具备实现组织变革达成目标的能力。

解决方案:OribitalATK 要求针对企业各个层面的经理、总监及总裁参与并持续践行 LEAD NOW! 团队领导力教练课程的学习。同时,启动了两期 LEAD NOW! 领导力教练的导师班学习项目,帮助 OribitalATK 建立领导者的行动计划及提升领导能力。整个项目历时 10 个月,影响并培养带动了 300 名领导者实现变化。

成果:LEAD NOW! 领导力教练项目深受公司领导者的认可和参与,获得了巨大的成功,极大地增强了高潜领导力继任者的领导才能提升。公司的 CEO 提出进一步的要求:每年甄别高潜资深领导者后,为候选人提供为期 5 天的 LEAD NOW! 领导力教练培训学习。

3. Briggs & Stratton 百力通

全球最大的风冷式汽油发动机制造商,每年获得超过 12 亿美元的经营收入,员工人数 8 000 名。

项目背景：百力通公司进行战略转型，定位从"发动机"转变为"能源"，企业需要领导者能够带领团队实现转型，任命了新的执行总裁，需要执行总裁具备正确的领导能力，实现成功转型的同时改变公司的企业文化。

解决方案：基于 LEAD NOW! 领导力教练模型，为百力通设计了针对性的总裁领导力培养项目，培养企业所需的领导力，打破原有的企业藩篱关系。项目包含了培训学习及教练一对一辅导，每个领导者通过 LEAD NOW! 领导能力测评后，为每个领导者量体裁衣制定了单独的领导力学习行动计划，同时系统全面地学习 LEAD NOW! 领导力模型及教练技术，学会如何将其应用到自己的工作中。整个项目为期一年，共有 8～10 位高级总裁参加项目，培养和提升他们的领导能力。

成果：所有参加项目的总裁都对项目给予了极高的评价和认可。有位总裁说，这是他有史以来参加过的培训学习中最棒的一次；在项目中学习的领导技能，帮助数位总裁在项目结束后获得了晋升。因为项目成功地培养了企业所需的新一代领导人，第二年百力通再次启动了 LEAD NOW! 领导力培养项目。

目　　录

第 3 部分

LEAD NOW!

第 1 部分

本部分介绍了领导力行为习惯提升的方法：一个时间点聚焦积累一个"金沙"。这也是 LEAD NOW! 全书的背景介绍，告诉你如何快速行动改进你的领导能力。

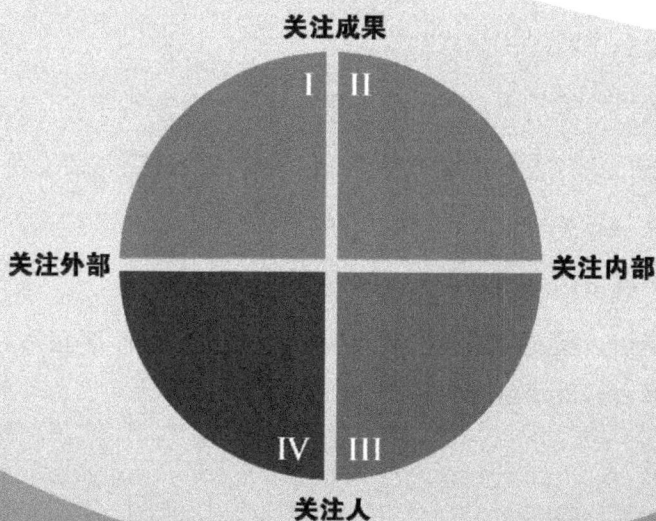

关注成果

I	II
IV	III

关注外部

关注内部

关注人

第 **1** 章

如何使用 LEAD NOW!

这是 1849 年一个波士顿商人的淘金梦。他卖掉了波士顿的商店以及所有资产，长途跋涉到了加利福尼亚州金矿区寻找他的财富。在他的想象中，加利福尼亚州的河流里，到处都有大得无法搬动的硕大金块。每一天，年轻人一次又一次地将筛金的盘子插入河底的砂石，但一无所获，收获的只是越来越多的石头。日复一日，周而复始，沮丧，没钱，年轻人已经做好了放弃的准备……然而一天，一个老矿人和他说：年轻人，你淘到的，怎么除了石头，还是石头？

年轻人说：是的，这里没有金子，我打算回家了，我放弃了。

老矿人说：这些石头就是你要找的金子，你只是需要知道怎么找到这些金子。老矿人将从石头堆里挑出两块石头相互敲击，石头破碎了，在阳光的照耀下，石头中闪耀着无数发光的金色微粒。

年轻人注意到老矿人腰间鼓囊囊的皮质袋子，说：不，我不要金粉，我要的是像你袋子里那样的大金块！

老矿人打开他的袋子，让年轻人惊讶的是，里面并不是大金块，而是无数细小的金沙。

老矿人说：年轻人，你以为我淘到的是大金块，我的大金块，就是你不屑收集的金沙。我耐心地收集一点点的金沙，让我获得了我现在的财富。

这就是我们多年辅导数百位领导者时发现的：大部分领导者寄望于某一次学习体验，获得飞跃式的成功；寄望于某一个关键时刻的领导才能的表现，变成每时每刻的领导者。然而，如波士顿淘金年轻人一样，大多数领导者错误地理解了领导力的成长过程。长期有效提升某项技能或领导才能的方法，是持续的小步改进，聚沙成塔，通过坚持不懈，带来最终的成果。

万豪酒店的创始人威拉德·马里奥特是这样说的：你无法对改善一件事而获得1 000%的成果，但你能改善1 000件事情各提升1%成果。威拉德·马里奥特回顾自己的成长历程，得出的结论和采矿人的是一样的：聚沙成塔，一点点的、持续的改进（积累"金沙"）的过程，将最终达到你期望的收获。

聚沙成塔这个道理，对想成为可靠、值得信赖的领导者而言，无论在哪个领域，如工业制造、教育行业、商业企业、社区社群、亲子教养、教会、学校、教练、医药行业等，都是适用的。期望短时间快速地产生巨大变化和提升，是不现实的。现实的是，采取持续的、耐心的努力，随着时间的推移，就看到经验的积累、个人领导能力的提升——只要每天改进一点点。

■ 背景

本书就是遵循"聚沙成塔"的理念，为了帮助组织和个人提升设计的。本书中提供了工具，帮助领导者随时快速地甄别和提升能力。本书中有数百个"金沙"，在书中我们称之为"成长窍门"，是根据21项领导力的维度划分及成长目标而提供的——每次成长一点的窍门。

成为一名敏捷的、灵活的领导者，需要有易于使用的领导力提升工具。本书提供了使用简便、完全基于行动实践的指引，帮助组织中各个层级的领导者提升。

本书包含三个部分的内容：

1. LEAD NOW！领导力模型及领导力训练。

2. 领导力行为习惯，每个行为习惯下，为繁忙的领导者提供了名人名言、实践行动建议以及行动计划。

3. 为领导者和他们的团队提供了行动计划反思、领导力训练以及相关的模板。

本书中的内容主要来自两方面：作者大量的组织咨询及教练经验。自有版权的、超过30年实践验证的360度领导力及团队评估测试。使用LEAD NOW！的用户包括政府机构、《财富》500强企业、航空、国防、科技、能源、电力、软件开发等领域的政府承包人，以及通信行业等。

本书的前提假设及信念价值包括：

- 领导力是组织绩效实现的关键因素。
- 领导是可以培养的，是需要被培养的。
- 培养并保留领导者，是组织获得收益的投资方法。

- 领导力的培养，要求有效的、特定的，以及聚焦的努力和投入。
- 培养领导力，在仅重视投入资源培养，而缺少支持和跟进的情况下，收效甚微。

领导力是"面向未来"的能力：指明发展方向，使人们走到一起，相互帮助协同工作。我们相信领导者，是能够描绘未来愿景，明确战略，指明到达愿景的路径，支持并亲自参与到愿景的实现过程中的。

同时，我们坚定不移地相信所有领导者能够描绘组织愿景，将愿景贯彻落实到底，是基于某些共性的行为能力而实现的。发现并提升这些特定的行为能力，会带领团队获得成功。

我们非常高兴能够将领导力模型分享给你，我们确信这将帮助你获得领导他人的能力！

■ 成功的行动学习窍门

在你阅读本书的同时，思考一下你的个人成长，遵循以下窍门设计你的行动计划。

1. 选择一项你有动力改变或发展的行为习惯。

　　• 为什么：没有改变的动力，往往你难以坚持。

2. 每次改善的行为习惯不超过 3 个。

　　• 为什么：太多的优先级等于没有优先级。

3. 在每个行为习惯下，明确 1～3 项可衡量的行动内容。

　　• 为什么：没有清晰的、可衡量的目标的行动，往往难以获得成功。

4. 充分发挥你的优势，降低劣势的负面影响。

- 为什么：绝大多数的成功是通过发挥优势实现的，过度关注劣势，将模糊、弱化你的优势。

5．明确具体地描述你希望提升或聚集的某项行为习惯的具体内容。

- 为什么：细化具体的内容描述，让你始终保持对目标的清晰理解。

6．从小的变化开始做起，慢慢再做大改变。

- 为什么：吃掉一头大象的唯一方法，是一小口一小口不断地吃。

7．分析行动计划中有可能遇到的前进阻碍是什么。

- 为什么：所有通向成功的前进路途都有各种障碍，提前预判并应对障碍，能更有效保障你的目标达成。

8．通过与人合作，借用他人的优势弥补自我劣势，创造一个优势互补的团队工作环境，学会授权，通过团队合作抵消你的劣势带来的不足。

- 为什么：打造高效的团队的核心是识人用人，明确团队每个人的优势与劣势，让团队中每个人基于优势互补协同工作，最大限度地发挥团队的合力。

9．选择一个长期辅导监督你的人——你的导师、上司、咨询顾问、教练、同事或者朋友。

- 为什么：你的动力和意愿是波动的、不稳定的，结伴同行对双方都有更好的相互激励监督作用。

10．告诉他人你的改善计划是什么，你公布的越多，你实现的可能性越大。

- 为什么：建立外部期望和对外承诺，能在你犹豫不决的时候帮你下定决心。

11. 在你期望发展的领域，关注表现卓越的人，并向之学习。

- 为什么：向领域中表现卓越的人学习，不仅能避免不必要的犯错，并能通过学习提升你的洞察力。

12. 记住，你不可能任何时刻都是最棒的。

- 为什么：你是人，不是神，切勿过高要求自己。

13. 在过程中不断庆祝自己的胜利。

- 为什么：小小的庆功就能强化你的目标的再承诺。

我的笔记

第 2 部分

本部分的内容，包括 LEAD NOW!领导力模型和与之对应的四象限的领导力维度以及 21 项领导力行为习惯。每项领导力行为习惯，通过提供大量有效的实践建议、参考书籍、自我测评问题、行动计划笔记等，帮助学习者立即应用实践。

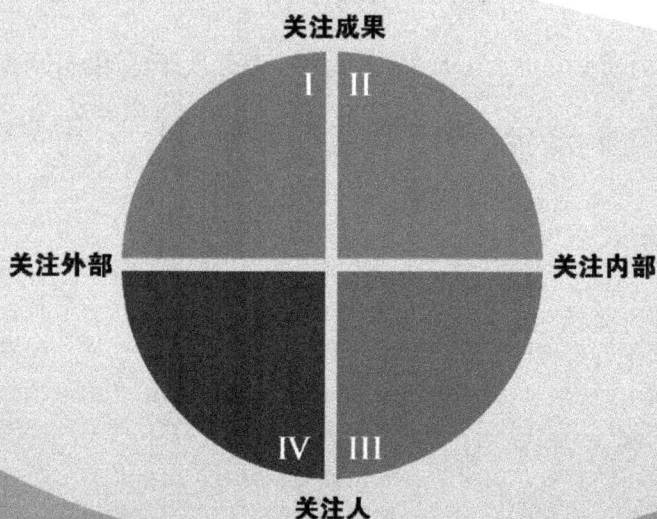

关注成果

I	II
IV	III

关注外部　　　　　　　　　　关注内部

关注人

第 2 章

LEAD NOW! 模型

　　提升你领导能力的第一步，是明确什么是你期望提升的领导力行为习惯，以及界定当前行为习惯现状与你期望达到的行为习惯之间的差距。改变的方式可能是通过强化你已有的优势或克服因技能或认知不足的挑战。

　　为了帮助你更好发现你领导力行为习惯提升的聚焦点，我们开发了 LEAD NOW! 领导力模型。LEAD NOW! 是一个基于实际应用结果导向的领导力开发工具。高效领导者通过模型的四象限建立并发展他们的领导能力。

LEAD NOW! 领导力模型

关注成果

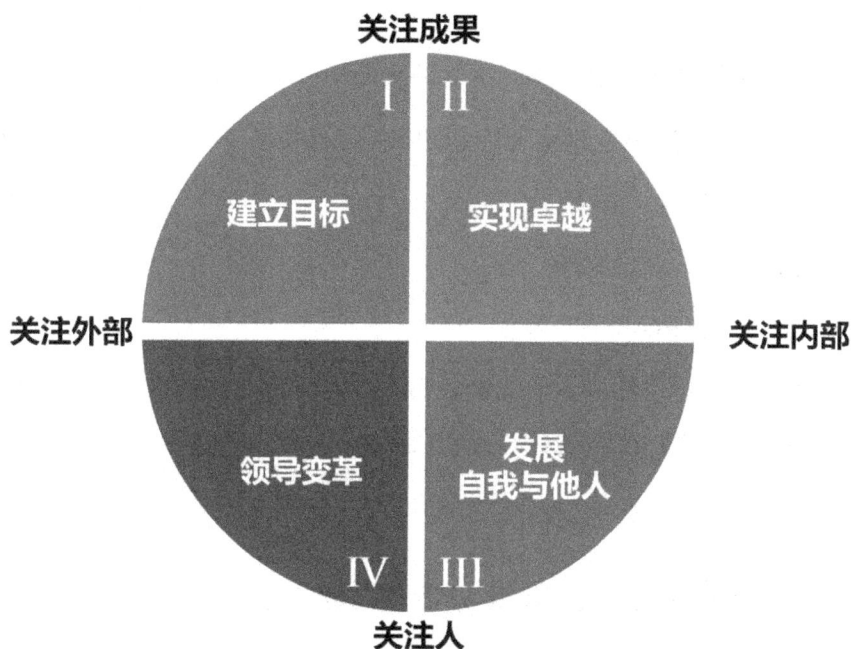

关注外部   **关注内部**

I 建立目标

II 实现卓越

IV 领导变革

III 发展 自我与他人

关注人

第一象限：建立目标

（关注外部的商业成果）

领导者的职责是定义团队的愿景和战略，建立坚定不移的目标。这需要明确组织存在的目的，清晰知道接下来要做什么，如何实现其市场定位，充分了解客户，分析行业趋势，制定战略，以及有效地与他人沟通。

第二象限：实现卓越

（关注内部的商业成果）

领导者的职责是实现卓越的组织运营——将战略转化为日复一日的工作。这需要，清晰地制定决策，建立持续的可衡量的工作流程，持续改进，以及正直的行为。

第三象限：发展自我与他人

（关注内部的人）

领导者必须重视学习对自己及他人的价值。这需要，不断发现个人成长的机会，建立并管理多元化的团队，培养技术专家，管理个人时间，教练并培养他人，以及自我管理。

第四象限：领导变革

（关注外部的人）

领导者的职责是创造并拥护有利于组织的变革尝试。这需要，影响关键决策人，支持变革项目，授权相关人员，鼓励创新，对抗阻碍，让变革持之以恒。

■ 自我测评（四象限领导力测评）

思考个人四象限领导力模型的领导力行为习惯现状。用以下评分标准评价自己在各个象限的能力。

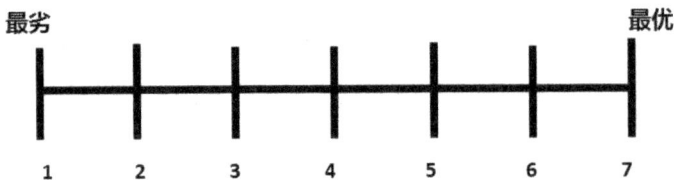

最劣   最优

```
 |-----|-----|-----|-----|-----|-----|
 1     2     3     4     5     6     7
```

	得分		得分
第一象限		第三象限	
第二象限		第四象限	

你发现了什么？哪个象限的能力突出？

你的评论：

领导力行为习惯介绍

为了帮助你提升领导能力，我们将模型拆分成小的模块，每个模块有数项领导力行为习惯。这些领导力行为习惯如下，并在下一章做详细描述。

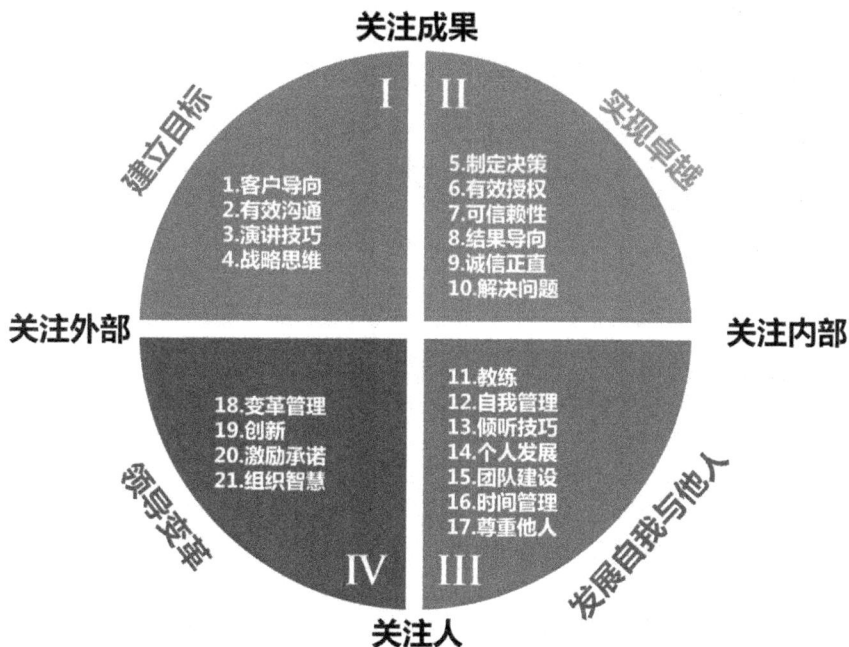

第一象限：建立目标

1．客户导向

2．有效沟通

3．演讲技巧

4．战略思维

第二象限：实现卓越

5．制定决策

6．有效授权

7．可信赖性

8．结果导向

9．诚信正直

10．解决问题

第三象限：发展自我与他人

11．教练

12．自我管理

13．倾听技巧

14．个人发展

15．团队建设

16．时间管理

17．尊重他人

第四象限：领导变革

18．变革管理

19．创新

20．激励承诺

21．组织智慧

▎自我测评（21项领导力行为习惯测评）

再简单了解各项领导力行为习惯后，完成以下初步自我测评。用以下评分标准评价自己在各个象限的能力。

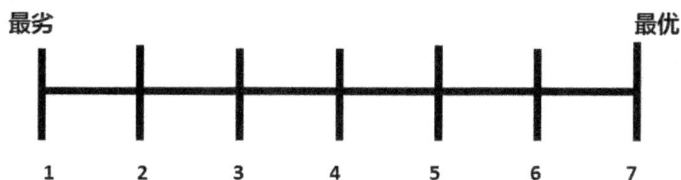

最劣   **最优**

1	2	3	4	5	6	7

第一象限	得分	第二象限	得分
1．客户导向	_____	5．制定决策	_____
2．有效沟通	_____	6．有效授权	_____
3．演讲技巧	_____	7．可信赖性	_____
4．战略思维	_____	8．结果导向	_____
		9．诚信正直	_____
		10．解决问题	_____

评论：

第三象限	得分	第四象限	得分
11．教练	_____	18．变革管理	_____
12．自我管理	_____	19．创新	_____
13．倾听技巧	_____	20．激励承诺	_____
14．个人发展	_____	21．组织智慧	_____
15．建设团队	_____		
16．时间管理	_____		
17．尊重他人	_____		

评论：

你发现了什么？哪些领导力维度你表现突出？你得分最高的维度代表你的优势，要充分发挥利用；你得分最低的维度则需要改进。

◼ 反思

领导者对某些领域感觉舒适而对另一些领域感觉不适是正常的。例如，某些领导者可能善于制定商业战略，但不善于调整领导风格教导他人。某些领导者善于推动和支持变革，但不善于定义变革的具体内容。

这个评估帮助你找到自己的"基准线"——衡量你领导力行为提升和持续改善程度的起点。

■ 领导力提升任务清单

在本书的最后，我们加入了行动计划模板帮助你制定领导力提升计划。形成行动计划的准备工作是，回答以下问题帮助你理清为什么自己需要改变，你希望改变的是什么，以及你最初与如何进行改变的设想。

1．回顾"四象限领导力测评"及"21 项领导力行为习惯测评"你的测评结果，写下你期望改进的领导力象限和领导力行为习惯（3～5个）。

2．什么是我需要提升、改善或改变的？

3．为什么我需要改变这些？需要改变的原因是什么？

4．我如何让这些变成我优先考虑要做的？

第 **3** 章

21 项领导力行为习惯

利用这些领导力行为习惯帮助你设定并实施你的行动计划。

每项领导力行为习惯包括：

- 一句发人深省的名言

- 随手可用的实践建议

- 参考书籍

- 自我测评问卷

- 行动计划笔记

这些领导力行为习惯按照 LEAD NOW！模型的四象限进行划分。
通过四象限的划分，突出各项领导力行为习惯之间的关系，并帮助你基于期望获得的成果（对内还是对外，对人还是对事）快速甄别所需关注的领导行为能力是什么。各项领导力行为习惯的页码索引供参考：

第一象限：建立目标

第二象限：实现卓越

第三象限：发展自我与他人

第四象限：领导变革

1. 客户导向

> 照顾好你的客户，否则会有其他人照顾他们。
>
> ——佚名

■ 什么是"客户导向"

彼得·德鲁克说：所有能向你说"不"的人都是你的客户。我们已被无数次告知：客户是上帝。将这两个观点结合在一起，我们会发现，没有任何商业能够在忽略客户感受、不极力争取客户的情况下，获得持续的成功。你和你的团队必须维系与内、外部客户的联系。他们是你的血液。培养客户，研究客户，向客户学习，保持与客户的密切联系，永远不把客户看作理所当然的。行动时刻将客户放在心中。培养团队，获得客户第一手信息并应用到组织改进中。平衡、满足客户的各种需求是极大的挑战。

参考以下实践建议，提升你的客户导向能力。

◾ 如何实践"客户导向"

1. 你同时拥有内部客户和外部客户：
   - 内部客户，是组织以内依赖你的服务或产品的人或部门。
   - 外部客户，是组织以外购买你的服务或产品的人。

2. 外部客户和内部客户对你的成功同等重要。他们都有被聆听的需求、被认可的需求、被满足的需求。你照顾他们的需求，他们就是你的。错误地对待客户，或视之为理所当然，他们将弃你而去。

3. 老客户从与你的公司的过往经历，可以提供非常有价值、有见地的建议。他们会告诉你：你的优势是什么，你的劣势是什么，为什么客户会离开你。

4. 增加客户满意度是做好客户服务的结果。从客户的角度去了解他们的关注点，从方方面面了解是什么促成客户愿意和你合作的。

5. 时常通过正式或非正式渠道，收集客户对于你做得怎么样的评价。

6. 分析客户的期望，了解客户的真实需求及期望需求得到满足的方式。

7. 永远不把客户看作理所当然的。他们可能因一时的兴致而改变。你必须及时响应客户需求。

8. 过往的经验很好，但是不要过于依赖，经验无法准确预测未来，未来有太多新增的可变因素。

9．学习你的竞争对手。研究他们做得好的和不好的方面，从他们的过去及现在的经历中学习。分析、发现他们的市场定位是什么，为什么这样定位。

10．建立与关键客户的联系。你可以仰仗他们提供信息、观点、看法、建议及整体反馈。将这些当作尝试新点子的"回音板"。询问客户对你所面临挑战的解决建议。

11．最有效建立客户关系的方法是通过诚实、高效、持续的沟通。

12．出现错误时，和客户说实话，不隐瞒，直接告知。他们将会因此更愿意和你合作。如果你不诚实或不直接告知，将极大降低他们对你的信任程度。所有这一切都归结到信任。

13．好的倾听技巧是建立客户良好关系的关键。客户希望被倾听。多听比多说更重要。

14．客户根据你对待自己、对待客户、对待团队和对待组织的态度来评价你。你无法隐藏你的态度。

15．出现问题时，邀请客户共同参与解决问题。如果这么做，他们会更有可能邀请你帮助他们解决日后的问题。你可以将问题变成经典的双赢情景。

16．谨记有效应对客户中最重要的原则：倾听。

17．与客户的代表建立伙伴关系。

18．经常与客户见面，明确现状，评估并改进你的表现和交付成果。

19．注意不要依靠间接的数据获得客户的信息。直接与客户打交道。

20．坦诚，事无巨细，积极主动。

21．让客户通过你得知工作的困难度，而不是通过其他人。

22．及时告知客户出现的问题或阻碍。没有及时告知最新情况会引发客户的不信任和猜忌。

23．郑重地、充分地利用客户反馈意见。

24．把客户抱怨看作最好的礼物。

25．提醒自己：你无法为每个人办到每件事。

26．售后服务是获得终身客户的关键。

27．虽老套，但总是对的一句话：付出额外的努力。这尤其适用于那些挑剔的客户。

28．按承诺的时间完成工作。如果做不到，提前告诉客户。

29．在各种情况下充分运用你的辨别力。

30．了解你的客户，让客户也了解你。

31．眼花缭乱、繁多复杂的内容不会给客户留下印象。

32．当已做成买卖，请停止销售。

33．甄别并优先排序客户日后的需求。

34．适应客户的投诉，及时回应。

35．想象你自己是一个不满意的客户，你希望改变什么？

36．记住：客户会投诉，这是客户的职责。

■ 参考文献

[1] Total Customer Service; William H. Davidow and Bro Uttal, Harper Perennial, 1990.

[2] Achieving Excellence Through Customer Service; John Tschohl, Prentice-Hall, 1991.

[3] Building A Chain of Customers; Richard J. Schonberger, Free Press, 1990.

[4] The Spirit to Serve: Marriott's Way; J.W. Marriott Jr., Kathi Ann Brown, Harper Perennial, 1997.

[5] Raving Fans: A Revolutionary Approach to Customer Service; Ken Blanchard and Sheldon Bowles, Morrow, 1993.（该书中译本书名为《极致服务：如何创造不可思议的客户体验》）

[6] Customers for Life : How to Turn That One-Time Buyer into a Lifetime Customer; Carl Sewell, Paul B. Brown, Bantam Books, 2002.

[7] Creating Competitive Advantage: Give Customers a Reason to Choose You Over Your Competitors; Jaynie L. Smith, William Flanagan, Doubleday Publishing, 2006.

[8] Moments of Truth; Jan Carlzon, Collins Business, 1989.

自我测评

用以下评分标准，自我评价你的下列领导力行为表现并评分。

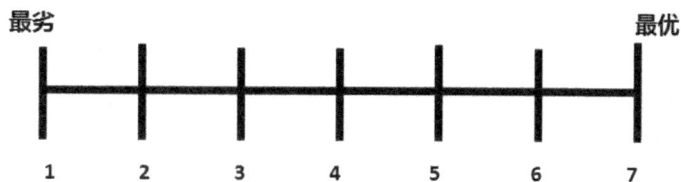

最劣   **最优**

1   2   3   4   5   6   7

_____我关注客户的需求。

_____我知道每个客户群体的需求。

_____我根据客户的需求制定商业计划。

_____我基于客户需求评估我的商业。

_____我分析与客户相关的各种信息。

_____我收集来自客户的反馈。

评论：

行动计划

写下在本部分能帮助你成为更好的领导者的三件事：

1.

2.

3.

如果你持续做这三件事情，会有什么改变？

你如何实现这些变化？

2. 有效沟通

> 有效沟通的最大障碍是以为沟通已经完成了。
>
> ——佚名

■ 什么是"有效沟通"

沟通是组织的命脉。经营的方方面面依赖于有效的信息交换。领导者作为有效沟通者的重要性不言而喻。你带领他人的唯一办法是和他们沟通。应用沟通技能也能帮助你建立和你的主管、同僚、客户，供应商以及股东的关系。你沟通能力的高低将直接影响你作为领导者和专家的全面成功。

参考以下实践建议，提升你的有效沟通能力。

■ 如何实践"有效沟通"

1．成为愿意与同事及时地、诚实地分享信息的人。

2．发现你的团队和同事需要知道什么和他们想要知道的原因。这会帮助你优先排序各种信息。

3．不要"杀掉信使"。强化他们的正直和坦率。这将保证日后你不会处于不知情的状态。

4．高效团队工作在彼此间、部门间、组织内的信息开放交流的环境中。

5．询问老板他期望如何被告知（多长时间一次，细节程度，通过什么途径，通过谁）。通过坦率的探讨，得知老板是如何定义"紧急"的。只有明确这些，你才能有效回应。进而明晰老板关注点的优先级，调整你的回应速度。

6．有意愿地、直接地、开放地互动。这将建立相互信任和相互信赖的关系。信任和信赖都是获得高绩效的必备条件。

7．甄别组织中你需要全面告知或部分告知信息的关键人，总是及时地告诉他们。

8．分析沟通中的障碍点。为什么会出现？以后如何避免？让其他人参与到分析的过程中。他们是解决方案的一部分。

9．记住，没有人喜欢被"突然袭击"。

10．甄别潜在的沟通障碍并设法避免。

11．确保你的会议不是单向的数据灌输。鼓励开放的意见交换，提高沟通的质量，聆听每个会议议程的各个方面。当某一个人控制了整个讨论，这有可能是其他人害怕不同意见，有所疑惑，或者在一开始就没有讨论的必要。

12．指定会议记录员。追踪各项行动计划。

13．邮件和短信是重要的沟通工具。然而，它们不能取代必要的面对面交流或者电话。对于重要的交流，谨慎地选择最佳的沟通方式。同样地，建议你的团队也这么做。

14．每天简要地回顾，哪些人需要被告知某些特定的或非常规的事情。

15．告知他人项目的新进展是需要的。同时，告知他人项目没有新的进展，也是需要的。

16．在你的时间表中安排"现场巡视管理"的时间以获得第一手信息。这些非正式的聊天是非常有价值的交换信息的机会。同时也让你感受到组织的脉搏，倾听观点，了解担忧。

17．寻求他人的意见，什么是告知他们进展情况的最佳途径。时不时询问他人这个方法是否有效。

18．让你的团队参与一起建立电子的或实体的公告板，更新工作和个人相关的事项。

19．及时告知会受到影响的人，你的团队同时也需要知道间接影响他们的信息（如影响到其他与团队合作的相关部门的信息）。

20．解释"为什么"某个要求是紧急的。当你的团队知道"为什么"时，他们响应得更好。

21．留意你的非语言传递的信息。要求对方回应和澄清。

22．在担心自己是否被理解之前，先试着理解他人。

23．在不使别人窘迫的前提下，表达你的感受。当你不认同他人时，确保你的观点没有贬低或攻击他人。

24．同时使用口头和书面的方式来指导和说明情况。

25．当需要相互协作共同完成任务或工作时，教导你的员工养成相互交流的习惯。开放地回应他们的意见和问题。别让他们认为你觉得回应很麻烦，否则他们将不再与你交流。

26．与他人沟通，尤其是一对一沟通时，要给予百分百的关注。他们会非常仔细地观察你是否真的在倾听。

27．作为领导者，你说的每一句话都是"记录在案"的。无论在什么场合，饭店、酒吧、出差途中，或社交活动时，他们都会关注你所说的每一句话。无论你是对你的团队还是对其他人说的，往往会被解释为一种官方说法。

28．给予指导后，要求对方复述指导的内容，确保理解一致。

29．健康的组织需要大量自由流通的信息，向上流通、向下流通、跨部门流通。

30．对事不对人。

31．如果"怎么做"对你很重要，那么努力澄清"怎么做"，也是同等重要的。

32．记住，当你觉得已经充分沟通时，仍要持续沟通。

33．留意相互矛盾的信息，当出现时，即刻应对解决。

34．先倾听，再做判断。

35．倾听时，放下你的手机。

36．员工总是期望老板跟进直至任务完成。正如老板对员工也有同样的期望。

37．非语言信息（肢体语言、语音语调）是显而易见的。事实上，非语言方式比语言方式更能准确地表达信息。人们会更愿意相信你的非语言信息。

38．要留意当你说话时他人的非语言表达的信息。

39．与团队成员沟通的关键：

- 诚实的

- 持续不断的

- 恰如其分的

- 简明清晰的

- 及时的

参考文献

[1]　Messages: The Communication Skills Book; Matthew McKay, Patrick Fanning, Martha Davis, New Harbinger, 1995.

[2]　People Skills; Robert Bolton, Touchstone, 1986.

[3]　Crucial Conversations: Tools for Talking When Stakes are High; Kerry Patterson, Joseph Grenny, Ron McMillan, Al Switzler, McGraw-Hill, 2002. （该书中译本书名为《关键对话》）

[4]　The Art and Science of Communication: Tools for Effective Communication in the Workplace; P. S. Perkins, Wiley, 2008.

[5]　101 Ways to Improve Your Communication Skills Instantly; Bennie Bough, GoalMinds, Inc., 2005.

[6]　The Art of Talking So That People Will Listen: Getting Through to Family, Friends and Business Associates; Paul W. Swets, Fireside, 1986.

自我测评

用以下评分标准，自我评价你的下列领导力行为表现并评分。

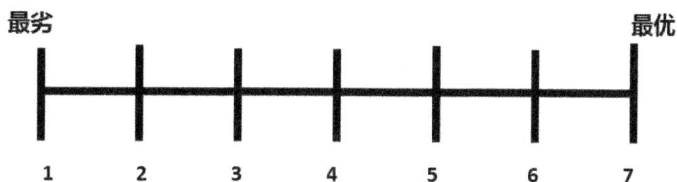

最劣   **最优**

1　　2　　3　　4　　5　　6　　7

_____我倾听并理解后才回应。

_____我告知股东最新情况。

_____我有效地选择使用邮件、短信、临时会议、面谈及电话
等沟通方式。

_____我提出开放式问题后，留出时间让对方思考回应。

_____我的表达是清晰简洁的。

_____公众演讲时，我聚焦要表达的信息。

评论：

行动计划

写下在本部分能帮助你成为更好的领导者的三件事：

1.

2.

3.

如果你持续做这三件事情，会有什么改变？

你如何实现这些变化？

3. 演讲技巧

> 不管科技如何改变，精心设计的信息总有它的市场。
>
> ——史蒂夫·伯内特

■ 什么是"演讲技巧"

对大部分人而言，面对你的同事和下属进行演讲，通常是一个让他人了解你的才能、思想及潜力的机会。你能够有机会让他人了解、你的想法、你的性格特点，以及你承担更大职责的潜力。对某些人，每周的演讲（工作汇报）成为其工作的一部分。提前准备，做好演讲，培养个人坚实专业能力及打造领导者形象，会是你职业发展的有力助推器。

参考以下实践建议，提升你的演讲技巧能力。

■ 如何实践"演讲技巧"

1. 确定哪些信息是你希望听众从演讲中获得的。

2. 甄别哪些是有偏见的或特别的听众。提前预估什么是他们关心的，什么是他们敏感的，什么是他们有疑问的。

3. 使用"惊堂木"开始你的演讲。"惊堂木"可以是图片、故事、趣味的事例、对比、统计数据或个人经历。根据听众的不同，选择不同的开场方式。

4. 使用一个强有力的句子结束你的演讲，制造更持久的印象。

5. 设计演讲内容时，确保演讲后听众可以回答以下问题：

   - 为什么我会在意？
   - 为什么我会想要？
   - 这会如何帮助我、我的团队，或公司？
   - 有什么新的东西吗？
   - 对我来而言有什么意义？

6. 在演讲中展示每一个可能有价值的思考、想法、行动。

7. 用一句话提炼你真正的目标，在演讲开始时及结束时重复这句话。

8. 你的演讲中是否有"呼吁行动"的部分？如果没有，明确你的"呼吁行动"是什么，并在演讲的最后告知听众。

9. 告诉听众，你将要说什么，然后开始说，说完后告诉听众你说了什么。

10. 演讲内容只来源于你熟悉的领域，否则听众会觉得内容浮浅，而降低你的信任度及声望。

11. 切记，听众总是会问"那又怎么样呢？"。

12. 听众需要感受到你的活力和热情。即使他们忘记了你的内容，仍会长时间记得你的活力及热情。

13．预估听众可能会提出什么问题。把答案放入你的演讲内容中。

14．当准备演讲内容时，梳理你的想法形成一个个小标题，确保每个小标题都呼应你的首要目标。

15．使用听众习惯的语言和措辞方式。

16．你的演讲需要是与听众相关的、有目标的、直白的。

17．笑话和幽默是有风险的。幽默往往会事与愿违，容易被误解——让你看来很愚蠢。慎用。

18．弄清楚你的听众是否会喜欢数据或文字。

19．保持简洁。

20．当被恰当使用时，PPT 是有效的。设计糟糕的 PPT 会让你无暇兼顾与听众的回应和互动。如果你使用 PPT，学习如何更好使用它来加强你的演讲效果，如何在需要深入讨论、获得听众的回应时能灵活在内容与讨论之间切换。

21．了解你将要演讲的场地。熟悉场地的摆设、大小、形状、外部噪声、窗户、阳光、演讲台、桌子、灯光、演讲位置的高度、音视频、麦克风及其他设备情况，其他家具的摆放等。

22．演练！私下提前大声地演练。只是默读，你无法让嘴巴和舌头熟悉你演讲的内容并强调重点的信息。

23．紧张是正常的，经常会有的。紧张也是必需的。通过适当的调整转化，紧张可以带来活力、信心、动感。有活力观众就有回应，无活力观众就瞌睡。

24．测试演讲效果的有效方式是，问问自己，演讲 30 分钟后听众有多少人能记住你的内容。

25．如果可以，对演练进行录像，那么你可以看到自己演讲时看上去的样子。录像记录的是最真实的。

26．切勿使用同样的演讲内容面对不同的听众。每个听众都不一样。研究每个听众的表情、背景、过往经历经验、教育程度、关注点、友好程度及情绪等。

27．你有什么方法让观众始终保持注意力集中？

28．当有挑战或出现争议话题时，保持冷静。不要自我防卫。

29．会后，询问他人你的演讲效果如何。

30．根据听众调整你的音量、语速、表达方式。

31．对他人的时间敏感，不超时。在既定时间内提前几分钟完成你的演讲。

32．避免肢体语言或设备故障干扰你的演讲。其他干扰因素包括口袋里的零钱和钥匙。

33．保持听众对演讲主要内容的注意力，避免任何干扰。

34．缓解你的紧张情绪（深呼吸、喝口水、搓搓手等）。

35．确保场地已布置好。

36．有亲和力，这是听众的首要需求。

37．树立威信。

38．听众会持久记得你的形象。你是站在台上的人，你看上去如何，你如何看待自己，你怎么说的，这些组成听众对你的最终印象。

参考文献

[1] Leading Out Loud: Inspiring Change Through Authentic Communications;

Terry Pearce, Jossey-Bass, 2003.

[2] The Elements of Great Public Speaking; J. Lyman MacInnis, Ten Speed Press, 2006.

[3] Crucial Conversations: Tools for Talking when Stakes are High; Kerry Patterson, Joseph Grenny, Ron McMillan, Al Switzler McGraw-Hill, 2002.（该书中译本书名为《关键对话》）

[4] How to Prepare, Stage, and Deliver Winning Presentations; Thomas Leech, AMACOM, 2004.

[5] Presentation Zen: Simple Ideas on Presentation Design and Delivery; Garr Reynolds, New Riders Press, 2008.（该书中译本书名为《演说之禅》）

[6] The Exceptional Presenter: A Proven Formula to Open Up and Own the Room; Timothy J. Koegel, Greenleaf Book Group Press, 2007.

[7] Presenting to Win: The Art of Telling Your Story; Jerry Weissman, Prentice Hall, 2006.（该书中译本书名为《魏斯曼演讲圣经关键对话》）

[8] Beyond Bullet Points: Using Microsof® Office PowerPoint® 2007 to Create Presentations That Inform, Motivate, and Inspire; Cliff Atkinson, Microsoft Press, 2007.

自我测评

用以下评分标准，自我评价你的下列领导力行为表现并评分。

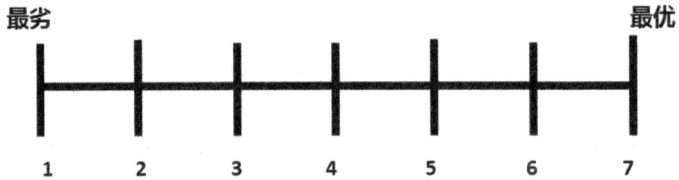

最劣　　　　　　　　　　　　　　　最优

| 1 | 2 | 3 | 4 | 5 | 6 | 7 |

_____我根据听众的不同调整我的演讲内容。

_____我清晰知道我的主要信息是什么。

_____我清晰知道我的期望效果是什么。

_____我使用比喻和故事来阐明我的主要观点。

_____我不断地练习、练习、再练习。

_____我不会逐字朗读内容。

_____我做好准备，有信心面对任何提问。

评论：

行动计划

写下在本部分能帮助你成为更好的领导者的三件事。

1 .

2 .

3 .

如果你持续做这三件事情，会有什么改变？

你如何实现这些变化？

4. 战略思维

> 预知未来的最佳方法是创造未来。
>
> ——彼得·德鲁克

■ 什么是"战略思维"

你，作为领导者，需要战略思维。你必须站在大局角度分析问题、挑战和机会。随之预估及应对影响大局的各种变量。然后你才可以专注将团队精力与能量放在优势最大化的关键行动上。有效的战略思维能力的特征是能够预见日常工作可能出现的阻碍，并能有效应对成功路途上预见以内或以外的问题。战略思维是可靠的值得敬仰的领导者达成目标所必备的特质。高效的战略实践家是独一无二的。

参考以下实践建议，提升你的战略思维能力。

■ 如何实践"战略思维"

1. 战略思维意味着把注意力放在每天的"救火工作"以外的事情上。

2．强大的领导者会从更广阔的视角来看待问题和机会。然后进行评估，应对可能出现的情况并做出计划。这些可能出现的情况可能来自市场、分析家、行业观察人士、局外人、局内人、同事、股东或利益相关者。

3．制定决策时，考虑对组织的短期及长期的衍生影响。

4．战略思维与你的影响范围有关。基于你的需要设定战略思维的界限。

5．经常阅读商业期刊、新闻报纸及电子报告；聆听访谈节目及媒体报告；与时俱进，了解不同人对未来的看法，关注市场趋势变化。问问自己这些信息是否会影响你做出的决定。

6．通过对自己"风险规避型"和"寻求风险型"的打分，评估个人风险承受程度。

7．不要只追求快速解决问题的方法，取而代之，将问题看作机会，在更广阔的情境下探寻是否有其他可能的选择与新的方向。愿意接受非常规的解决方案。

8．与组织中战略的发起人或参与者一起，讨论你当前的挑战。征求他们的意见。让他们告诉你，他们的观点和办法。

9．周期性地和老板及资深管理者讨论你的商业战略，提升对组织当下、短期和长期发展方向的理解程度。

10．识别团队运作中所使用的策略和看法。评估策略和看法是否已经过时，是否需要改变，重新定义，或者加强。

11．甄别你需要团队变得高效的关键成功因素。

12．从老客户的角度来观察你的组织。老客户是经营的核心。你看到了什么？从老客户的角度你领悟到什么了？

13. 从 500 米、5 万米的高度观察你的组织，获得更大的感知。留意当你的位置越高时，你视角的变化，让自己从基本运作层面跳出来，从整个组织的角度来领会。通过这个视角的变化，能让你从"战术思考"转变为"战略思考"。

14. 留意公司的整体财务状况以及预算，明确意识到你的部门财务现状是如何影响到整个组织的。

15. 使用对比矩阵，对组织的每一个主要竞争对手进行仔细分析。你的公司做得如何？哪些比竞争对手做得好？哪些需要改善？

16. 让你的团队一起参与制定和优化以下几方面的策略：

- 客户导向
- 风险
- 团队发展方向
- 变革
- 所需支持

17. 回顾项目的健康程度和进展情况，了解进度计划以及进度计划对预算、客户关系、团队工作成果及所需资源的影响。

18. 关注组织中各职能部门是如何相互影响的。各部门的目标是什么？各部门的实际协调能力如何？分析一下各部门间的关系如何。哪里是不可触及的？什么是最重要的联动关系？

19. 像 CEO 一样思考。

20. 培养团队的意愿度和能力。

21．考虑股东会怎么看。

22．不断寻找全球化的"最佳实践"。

23．了解当前的最新发展、改进、项目进程的变化、体制、模式等。分析当中变化的原因并充分利用。

24．要有提升业绩的市场意识。

25．记住，没有什么是可怕的：

- 询问团队应对挑战、事件、问题及决策的方法。

- 挑战组织运作的固有假设及信念。

- 分析可能阻碍获得更佳业绩的因素。这些因素是必需的吗？为什么它们存在？

- 看看你和团队成员间的关系。他们对你很重要吗？他们带来什么价值？

- 你是如何经营企业的？你如何管理过渡期？你的方法是否仍适用于当下？是否需要改进？你有否充分利用新技术？

26．追求成为世界一流的组织。

27．将难题拆解成一个个小问题。

28．留意细节，细节是实现组织目标的基础。

29．质疑现状。

30．设定每个计划或项目的目标及衡量方法。

31．与团队一起争论、探讨、理解问题。

32．思考以下思维模式有什么不同：

- 直觉思维

- 概念思维

- 批判性思维

- 创新思维

这四个思维模式对于形成有效战略思维必不可少。

33. 有变革并承担风险的意愿。

34. 能够做出艰难选择和决策。

35. 向团队展示在运营上愿意尝试新方法的态度。

36. 挑战传统方法以获得新的机会。

37. 为了实现有效的战略思维，需要考虑以下内容：

- 人口统计特征

- 后勤及物流

- 供应商

- 客户需要与要求

- 科技（当前的和未来的）

- 竞争对手

- 资源（可获得的和不可获得的）

- 法规

- 雇员总数

■ 参考文献

[1] Competitive Strategy: Techniques for Analyzing Industries and Competitors; Michael E. Porter, Free Press, 1998.

[2] Corporate Life Cycles: How and Why Corporations Grow and Die and What to Do About It; Ichak Adizes, PrenticeHall, 1990.（该书中译本书

名为《企业生命周期》)

[3] Management Challenges for the 21st Century; Peter F. Drucker, Harper Business, 1999. (该书中译本书名为《21 世纪的管理挑战》)

[4] Finance and Accounting for Nonfinancial Managers; William G. Droms, Addison-Wesley, 1990.

[5] Organizational Capability: Competing From the Inside Out; Dave Ulrich, Dale Lake, Wiley & Sons, 1990.

[6] Only the Paranoid Survive; Andrew S. Grove, Doubleday Business, 1999.

[7] Good to Great: Why Some Companies Make the Leap . . . and Others Don't; Jim Collins, Collins Business, 2001. (该书中译本书名为《从优秀到卓越》)

[8] Blue Ocean Strategy: How to Create Uncontested Market Space and Make Competition Irrelevant; W. Chan Kim, Renée Mauborgne, Harvard Business School Press, 2005. (该书中译本书名为《蓝海战略》)

[9] Strategic Thinking: A Four Piece Puzzle; Bill Birnbaum, Douglas Mountain Publishing, 2004.

[10] The Art and Practice of Leadership Coaching; Howard Morgan, Phil Hawkins, Marshall Goldsmith, John Wiley & Sons, 2005.

[11] Champions of Change: How CEOs and their Companies are Mastering the Skills of Radical Change; David Nadler, Jossey-Boss, 1998.

[12] What the CEO Wants You to Know; Ram Charan, Crown Business Books, 2001.

[13] The First 90 Days: Critical Success Strategies for New Leaders at All Levels; Michael Watkins, Harvard Business School Press, 2003. （该书中译本书名为《成败 90 天：新任公共部门领导的关键成功策略》）

自我测评

用以下评分标准，自我评价你的下列领导力行为表现并评分。

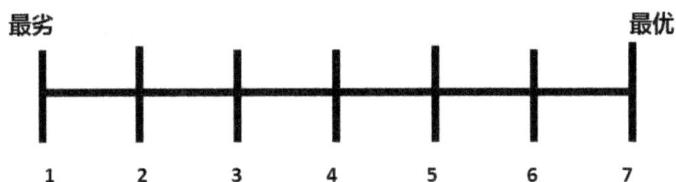

最劣   最优

1   2   3   4   5   6   7

_____我经常仔细调查外部市场力量和竞争格局。

_____我经常分析客户和股东的当前及未来需求是什么。

_____我把客户和股东的需求放在首要位置。

_____我经常回顾并更新战略方向和目标。

_____我用计分卡评估业务及员工表现。

评论：

行动计划

写下在本部分能帮助你成为更好的领导者的三件事。

1.

2.

3.

如果你持续做这三件事情，会有什么改变？

你如何实现这些变化？

5. 制定决策

> 关键时刻没有做出决策，你就会重视之后的每个决策：对细枝末节的事情吹毛求疵，像铅笔是否削得足够尖、窗户是否已经打开，等等。
>
> ——C·N·帕金森教授

■ 什么是"制定决策"

作为领导者最艰巨、最重要的技能之一，就是做出明智的决策。领导者的目标是尽可能做出更多明智的决策、影响职业生涯的决策、下属终身发展的决策、组织未来的决策、与客户关系的决策、与供应商关系的明智的决策。

参考以下实践建议，提升你的制定决策能力（也可以参照"解决问题"部分的实践建议——其中有不少也适用于"制定决策"）。

如何实践"制定决策"

1. 决策时，时间不足、所需的信息不充分，是通常会遇到的两大主要障碍。因此领导者要有面对障碍的心理预期，以及消除障碍的提前准备。

2. 做决策时，向信任的同事寻求意见。他们会更客观地看待问题，给你看问题的不同视角。自以为是觉得自己不需要帮助是自大的表现。

3. 不要基于未经验证的假设来做决策。大多数错误的决策，都是将假设当成事实的结果。

4. 睡醒一觉后做出的决策，会比睡前做出的决策更佳。因为大脑在你睡觉时仍在继续工作，分析思考最佳的决策。

5. 授权让下属来做决策，也是培养下属的好方法。授权的同时，让他们告诉你他们做决策的思考过程，以此来了解他们决策的关注点和原因。

6. 我们往往会遗忘曾经的决策，要有适合自己的方法，去跟进你做出的决策。

7. 做决策时，向有类似决策经历的同事收集经验：他们做了什么决策，是怎么得出决策的，以及决策的结果。

8. 留意自己做决策时是否过于情绪化。情绪会蒙蔽思考，妨碍分析，扰乱数据信息，最终影响结果。

9. 导致糟糕决策的主要原因有缺乏耐心、狂妄自大、视野狭隘、数据有误、分析不足、畏惧风险、拒绝求助。

10. 仓促的决定，或者过度分析或质疑，都可能导致花费更多时间得出明智的决定。需要在快速决策和系统决策之间取得平衡。

11. 考虑用其他两个元素替代你认为最重要的元素，形成另一个方案，看看这个方案是否会是更明智的选择。

12. 达成团队共识是最理想的状态，但不是必需的，也不一定切合实际。当经过一次又一次会议团队仍未达成共识的时候，作为领导者必须果敢决策，同时团队也必须支持你的决定。

13. 在脑海中想象当你做出决策后，将发生的事情，想象决策后的方方面面和可能导致的结果。如同表演上台前的最后一次预演彩排，是全面检验上场效果的保障。

14. 最先想到一两个方法未必是最佳的方法，继续设想可能的方法，直至得到高质量问题解决方法，做出最佳决定。

15. 考虑各种可能的方法时，相信你的直觉。

16. 制定决策时，设计执行方法很重要但往往被忽视。制定决策需要妥善考虑以下因素：

    • 告知会因决策受到影响的人

    • 决策执行人的决心

    • 实施所需的资源

    • 时间计划进度表

    • 人员工作责任

17. 不做决定，其实也是一种决策。不做决定，实际上也在传递某种信息。

18. 分析自己做决策的过程，分析自己做决策的思维方式，尤其当你的决策比别人的决策更好时，分析自己是如何做出更好决策的，从过往的决策经历中学习，不断制定决策的思维模式。

19. 在决策时限内尽可能收集更多的信息。有些人，会在未收集足够数据的情况下仓促做出决定；有些人，会等到所有资料收集齐全之后才做出决定。避免上述误区。收集数据很重要，同时在限定的时间之内做出决定。

20. 在团队讨论决策时，有异议是正常的。然而一旦讨论结束，每个人都必须全身心地支持最终的决定。

21. 当心完美主义倾向——没有人永远不犯错。不要期待得到"完美的"决定，那并不存在。

22. 人在紧张、恐慌、焦虑时，往往会做出糟糕的决定。决定时，写下你所有的恐惧和担忧，将其归类，分析一下你担忧和恐惧会发生的事情，有多大可能性。

23. 你做出决策后，常常再有变卦吗？

24. 作为领导者，自己参与了讨论后形成的最终决策，即使不认同，也要看作自己的决策。

25. 当心拖延症——设定阶段里程碑，确保进度与预期一致。

26. 下述情况下，让团队来制定决策：

- 你缺少决策的关键信息

- 决策会直接影响整个团队

- 你需要新的方法

- 有足够的时间，可以让团队成员提出意见

- 你的决定及执行需要整个团队的全力支持

27. 下述情况下，你自己来制定决策：

- 例行公事

- 时间有限

- 认为大部分人同意自己的见解（慎用）

- 不需要他人认同和支持（慎用）

- 无论如何团队都会支持结果（慎用）

■ 参考文献

[1] Heads You Win: How the Best Companies Think; Quinn Spitzer, Ron Evans, Simon & Schuster, 1997.

[2] Making Judgments, Choices and Decisions In Business: Effective Management Through Self- Knowledge; Warren J. Keegan, John Wiley & Sons, 1984.

[3] Whatever It Takes: Decision Makers at Work; Morgan W. McCall, Robert E. Kaplan, Prentice-Hall, 1985.（该书中译本书名为《尽管去做，无压工作的艺术》）

[4] Getting Things Done: The Art of Stress-Free Productivity; David Allen, Viking Penguin, 2001.（该书中译本书名为《尽管去做——无压工作的艺术》）

[5] Smart Choices: A Practical Guide to Making Better Decisions; John S. Hammond, Ralph L. Keeney, Howard Raiffa, Bantam Books, 2002.

[6] Getting to Yes: Negotiating Agreement Without Giving In; Roger Fisher, Bruce M. Patton, William L. Ury, Houghton Mifflin, 1992.

[7]　Smart Choices: A Practical Guide to Making Better Decisions; John S. Hammond, Ralph L. Keeney, Howard Raiffa, Broadway, 2002.

[8]　How the Mighty Fall; Jim Collins, Random House, 2009.

[9]　Team of Rivals: The Political Genius of Abraham Lincoln; Doris Kearns Goodwin, Simon & Schuster, 2005.

自我测评

用以下评分标准，自我评价你的下列领导力行为表现并评分。

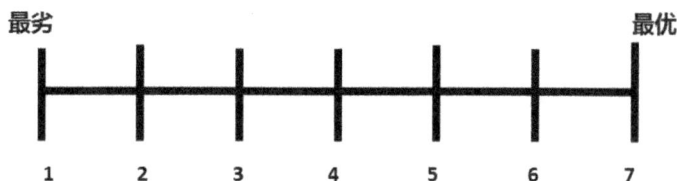

_____我使用共识获得团队认同和支持，收集新的想法和观点。

_____制定决策的过程中我能管理好自己的情绪。

_____我清晰知道什么时候做决策，什么时候不做决策。

_____制定决策时我不会要求完美。

_____我公众宣布我的决定。

_____我知道什么时候停止分析做出决策。

评论：

行动计划

写下在本部分能帮助你成为更好的领导者的三件事。

1.

2.

3.

如果你持续做这三件事情，会有什么改变？

你如何实现这些变化？

6. 有效授权

> 最好的总裁是能够挑选最好的人做他想要做的事情，而且能够在从事过程中保持自制不干涉他们。
>
> ——西奥多·罗斯福（美国前总统）

■ 什么是"有效授权"

成功的委派授权，要求领导者权衡自己的工作，做慎重的取舍，把自己的一部分工作委派给团队成员完成，把时间放在更为重要的任务上。一方面，能更好地培养自己的团队；另一方面，腾出时间做更有价值的事情。做好有效授权，能带来双赢的效果，大幅提升团队战斗力。

参考以下实践建议，提升你的有效授权能力。

■ 如何实践"有效授权"

1. 做好委派授权，领导者就有更多时间专注于更加重要的事情，尤其是你和你的上级更关注的事情上。有效授权俗称"职场加速器"。

2. 高效分工会给你和你的团队带来多重收益：强化你的时间管理能力，培养你的团队成员，提升团队工作效率等。

3. 有效授权是一种能力，是一种通过教导、学习、实践可获得的能力。

4. 授权之前，先考虑执行者实施中可能遇到的障碍，考虑这些障碍可能给执行者带来的挑战，在授权之前评估给予执行者的必要协助。

5. 对不同员工，应采取不同的委派授权方式方法。考虑不同员工其已有的相关经验和技能。在授权之时就处理好这个问题，从长远来看，会节省大量时间。

6. 为重要的委派任务制定应急后备方案，避免可能的意外状况出现。

7. 支持、鼓励团队成员自行思考如何解决问题。支持鼓励他们面对问题自我挑战，尝试自行解决，只有当他们实在解决不了时才寻求你的帮助。这样可以锻炼和培养你的团队成员，同时你可以专注做自己的工作。

8. 委派给团队的任务，如果在启动时多花点时间尽可能地澄清任务是什么，解答团队成员的问题，那么在任务执行过程需要你介入的时间越少。

9. 即使任务启动时已明确了要求，澄清了疑问，作为领导者，仍要在任务实施过程中有随时介入支持的准备。与此同时，注意如果你介入过多，可能会传递错误信息，如不信任员工，或者替员工完成任务。

10．知晓团队每个成员的能力、优势和劣势，这对你如何有效地委派分工很重要。

11．为员工提供足够的培训，以完成任务；为员工提供足够的外部关注，以认可他的贡献。

12．委派任务时，详细解释任务"是什么"以及"为什么"要做，让员工考虑"怎么做"。

13．员工在处理分配的任务时会出错，是正常的。领导者应将其看作员工成长的机会，加以辅导。

14．授权之初将任务拆解至基本的步骤或职责，以明确完成任务所需的技能和资源。这样做有助于决定把任务分配给谁以及相应需要的支持，把任务分配给能力、性格特质、思维风格，以及人际交往能力相匹配的人。

15．对新晋领导者最大的挑战之一，是不再做过往他惯于做的事情，而是授权委派他人来完成。除非他人需要帮助，否则让他人独立完成任务。

16．不必因下属做得比你好而感觉受威胁。你本来就不需要去做他们的工作。你的任务是带领他们，让他们顺利完成任务。

17．领导者是管弦乐团的指挥，而不是演奏其中的乐器。团队中的每个人演奏好自己的乐器完成自己的工作，你则统管全局，将各个乐器整合在一起。

18．愿意接受团队成员尝试新的工作方法。支持并鼓励他们创新。

19. 把任务授权给员工后，既不能过分控制，也不要听之任之。

20. 让团队成员定期汇报任务的进展情况，可及早发现意外情况并及时纠偏。

21. 让下属知道包括预算、时限、资源、过往经历、客户需求、管理层的期望等的所有细节，让下属参与到他们绩效目标及工作任务的设定过程。

22. 委派任务过程中，留意观察员工的意愿与能力。

23. 不要假设团队成员间自然而然会相互沟通，要再三求证团队成员间的沟通是否顺畅。

24. 分析过往的沟通方式与效果，可能书面的工作分配会是更好的任务授权方式。

25. 委派任务，除了要让员工有责任感，还要有相应的问责机制。

26. 员工表现欠佳时，领导者要避免严苛的指责，从学习角度与其探讨如何改善。

27. 挑战你的员工，逐步地延展他们的能力。

28. 有效授权，是区分领导者与普通员工的分水岭。不会授权的领导者不是合格的领导者。不会或不愿意授权，职业发展就此止步。

29. 分配工作是提高时间效率的关键，每个人每天都只有 24 小时。

30. 委派任务后，最终还是你对任务负责，因此跟进进展情况非常重要。

31. 要记住，你的位置越高，越需要更多人的支持。

参考文献

[1] If You Want It Done Right, You Don't Have to Do It Yourself: The Power of Effective Delegation; Donna M. Genett, Quill Driver Books, 2003. （该书中译本书名为《有效授权的力量》）

[2] Effective Delegation Skills; Bruce B. Tepper, AMI How-To Series, American Media Publishing, 1995.

[3] The One Minute Manager Meets the Monkey; Kenneth H. Blanchard, William Oncken, Hal Burrows, Morrow & Company, 1991.（该书中译本书名为《一分钟经理人》）

[4] High Involvement Management; Edward Lawler, Jossey-Bass, 1987. （该书中译本书名为《人才：使人才成为你的竞争优势》）

[5] The Leadership Challenge: How to Keep Getting Extraordinary Things Done in Organizations; James M. Kouzes, Barry Posner, Jossey-Bass, 1995 (Chapters 7 & 8). （该书中译本书名为《领导力：如何在组织中成就卓越》第七、八章）

[6] Getting Things Done: The Art of Stress-Free Productivity; David Allen, Viking Penguin, 2001. （该书中译本书名为《尽管去做——无压工作的艺术》）

[7] Delegating Work: Expert Solutions to Everyday Challenges; Harvard Business School Press, 2008.

自我测评

用以下评分标准，自我评价你的下列领导力行为表现并评分。

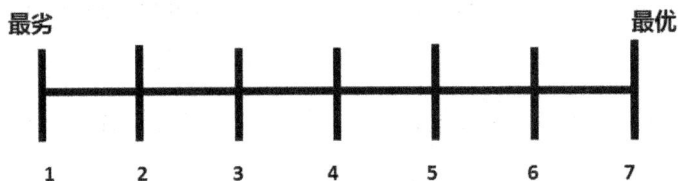

最劣						最优
1	2	3	4	5	6	7

_____我清晰地解释授权的任务。

_____我避免自己动手做已经授权了的工作。

_____我随时准备好给予支持和反馈。

_____我根据他人的过往经验和任务的复杂程度决定授权后的

跟进方式。

_____通过授权帮助我更好地管理时间。

_____我通过授权培养下属。

评价：

行动计划

写下在本部分能帮助你成为更好的领导者的三件事。

1.

2.

3.

如果你持续做这三件事情，会有什么改变？

你如何实现这些变化？

7. 可信赖性

> 追求成功，能力是很重要的，但可靠性是至关重要的。
>
> ——金克拉

■ 什么是"可信赖性"

被认为可信赖的领导者，也是知道"执行"的人。这样的领导者是受人尊敬的，被认为是可靠的，能够把事情做好。当被指派一个工作或任务时，他一定会完成，老板也知道他一定会完成。可信赖的领导者会接受最艰巨的、最受瞩目的任务——使命必达的责任，无论有什么困难，都会完成。可信赖性是不可或缺的职场财富，是获取更大机会的职场加速器。通过可学习的行为技巧和实践，我们可以获得上述能力和声誉。通过我们的自律，努力尝试，坚持不懈，这一切是可以获得的，也是值得拥有的。

参考以下实践建议，提升你的可信赖性。

■ 如何实践"可信赖性"

1．把按时完成你的所有工作作为个人信条。达成超出预期的成果。

2．提升可信赖性最关键的行为是，确保完成你所有的承诺。

3．可信赖性，在某种程度上是一个感知的概念。通过询问你的同事他们对你可依赖性和责任感的反馈，来了解你的可被信赖程度。

4．说话算数，有诺必达。

5．寻找各种省钱的建议和新方法。提出与公司目标关联密切的改进建议。

6．担当，并主动迎接团队面临的各种挑战。

7．时刻清楚你的工作对他人的影响。这会让你有更宽阔的视角。

8．养成"比预期目标做得更多"的习惯。

9．不会因为没有被认可、不满意的业绩评价、没有获得期望的奖金等，而降低自己的投入程度。你的持续态度及表现，最终会获得认可。至少你会获得对自我成就的认可。

10．主动积极发现可以完成的工作并完成。

11．可依赖性会带来你和你同事间的信任关系。这是工作获得长期成功的必要因素。可依赖性展示了你的承诺和你的动力，强化了你的奉献精神及在组织中长期共同发展的意愿，会带来与他人高效的良好协作关系。

12．关注你的工作环节是如何加快或阻碍整体结果的。

13．可信赖的人的标志是沟通。他们会及时保持信息通畅。告知老板进展情况，保持相关人在重要进展的方方面面信息的更新。

14. 你认为无关紧要的，可能是老板、员工、同事认为至关重要的。
    询问在你的工作中什么是他们最关注的内容。

15. 询问你的领导什么是他（她）认同的卓越表现特征，这会帮助
    你理解他（她）的标准。

16. 你的可信赖性和一致性，将直接影响你的个人声誉。你的声誉
    好坏会在组织的各个层级中传播。最佳的长期自我品牌宣传的
    方式，是被人认为是可信赖的。

17. 让你的内在个人满足感成为最大驱动力，驱动你保持高标准、
    高质量完成各项工作。那些依靠外在驱动力和老板赞赏"好样
    的"之类的人，并不总能获得驱动力。长此以往，这些人缺少
    了动力就无法将事情做好。使内在个人满足感成为自己的驱动
    力。

18. 不要假设其他人已经知道要做什么并会完成他们的工作任务。
    要有自己的见解，及时跟进，确保信息的传递和理解是清晰的。

19. 管理你的情绪。

20. 时不时关注你的个人表现。组织提高工作质量的标准是常见的
    情况。始终让自己超出标准要求。

21. 你是你团队的力量表现，你能在截止时间前完成工作并达到要
    求的可信赖程度，将极大影响他们。

22. 那些最有价值、最重要的任务，往往会安排最值得信任和有承
    诺的人来完成。

23. 保持准时。

24．发展自己不断达成目标成果的能力，并形成习惯，变成你的"标签"。

25．建立信任感需要长时间持续的努力。然而破坏信任关系是很容易的，只需要一个错误的陈述或行动。

26．每天开始工作前留出五分钟回顾你承诺了要完成的事情。

27．保持对项目、任务、步骤、阶段以及相关影响因素的高度关注并及时完成。获得反馈建议。

28．使用记事本或 PDA 记录待办事项。

29．避免只因善意而许下承诺，而不将承诺进行到底的行为。

30．留意你感到透支或超负荷的情况出现的频率，这将会对你的工作效率带来负面影响。

31．避免拖延。

■ 参考文献

[1]　The Oz Principle: Getting Results Through Individual and Organizational Accountability; Roger Connors, Tom Smith, Craig Hickman, Prentice Hall, 1994. （该书中译本书名为《当责，从停止抱怨开始》）

[2]　The 17 Indisputable Laws of Teamwork; John C. Maxwell, Thomas Nelson Inc., 2001 (see pg. 117-132).

[3]　The Ten Commandments of Success; James A. Belasco, New Millennium Press, 2000 (see pg. 97-114).

[4]　Getting Things Done: The Art of Stress-Free Productivity; David Allen,

Viking Penguin, 2001. （该书中译本书名为《尽管去做——无压工作的艺术》）

[5] Do It Now!; Andy Bruce and Ken Langdom, DK Publishing Inc., 2001.

[6] Indispensable: How to Become the Company That Your Customers Can't Live Without; Joe Calloway, John Wiley & Sons, Inc., 2005.

自我测评

用以下评分标准，自我评价你的下列领导力行为表现并评分。

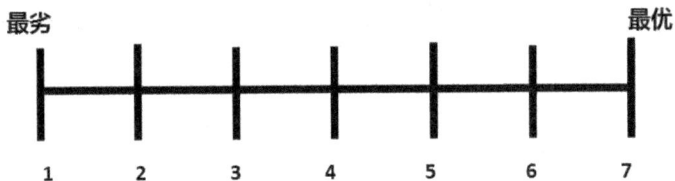

最劣   最优

```
    |----|----|----|----|----|----|
    1    2    3    4    5    6    7
```

_____ 我总是在计划内完成工作。

_____ 我总是能超出预期质量地完成工作。

_____ 我知道老板会说我能按承诺将事情做好。

_____ 我知道我的直接上级会说我能按承诺将事情做好。

_____ 我知道我的同事会说我能按承诺将事情做好。

评价：

行动计划

写下在本部分能帮助你成为更好的领导者的三件事。

1.

2.

3.

如果你持续做这三件事情，会有什么改变？

你如何实现这些变化？

8. 结果导向

> 最大的危险，不是目标设定太高而无法达到，而是目标设定太低，我们轻易就达成了。
>
> ——米开朗基罗

■ 什么是"结果导向"

如今的领导者只有有限的时间来完成股东（利益相关者）、老板、团队提出的无限的工作任务和要求。领导者必须在更为紧凑的时间计划内，完成越来越多的重要工作，越来越多的复杂工作，降低成本的同时达成更高的质量标准。你所要做的是像公司的 CEO 一样，更有效率和更有效果地利用你手中有限的职权，承担上述所有的工作责任与要求。你需要极强的自律性，关注个人方面和专业方面持续改进的方法，达成上述期望的结果。

参考以下实践建议，提升你的结果导向能力。

■ 如何实践"结果导向"

1. 达成结果的关键是有效地管理工作流，让他人来完成工作。

2. 优化你的授权方式极其重要。尽可能地授权给级别更低的人。这不仅能帮助他们成长，而且给你自己留出时间处理其他紧急事件。授权时不要事无巨细，只需要关注如何分配授权任务。并随时给予支持和澄清。

3. 定期和你的职员、直接下属会面，了解他们在做什么，他们关心什么，你能做什么帮助他们达成目标。

4. 在你与下属交流过程中，评估他们的工作量大小，评估交派给他们的任务是不是适当地、均等地、合理地分配了他们的能力和时间。让你的下属参与制定他们的个人绩效标准和目标。他们往往会设定高于你期望标准的目标。

5. 做事有灵活性和适应性，这样才能适应你每个下属的需求。没有任何两个人是一样的，这就意味着你对每个人需要用不同的方法来最大化他们的产出和承诺。

6. 下属提出问题时，让他们帮助你一起解决这个问题。他们是最熟悉这个问题的人，也就是最能给出解决办法的人。

7. 查找和研究质量管理的书籍和手册，与你的下属分享当中执行有关的最有效方法。通过在实际工作流程中的实践运用，强化这些方法。

8. 培养持续优化改进的文化，让每个人充分发挥主观能动性，寻找优化流程、体系和业务的方法。展示并证明每个人是如何通过改进质量和降低成本获得成果的。对问题保持敏感，提供解决方案作为问题的回应。

9. 识别并优先排序客户的需求。

10. 及时告知老板你的工作进展情况。

11. 按照优先级排序任务，可以确保在时间节点前保质保量完成任务。

12. 使你的下属成长和进步。让他们进入准备好承担自己当前和未来角色任务的状态。让他们承担不可或缺的角色任务，会让他们感到挑战和有价值。

13. 每件事都是有风险的。极端的风险需要规避，然而避免任何风险不应成为我们停滞不前的借口。为每一个风险设计后备方案，然后继续推进。明智地、有条不紊地将工作推向更高的成功。

14. 仔细回顾每一个关键参与者。他们中每个人都承担什么角色？有哪些任务安排？明智而审慎地给予每个人适当的权限，以精简工作流程。

15. 不要忽视工作中的政治因素，也不要让政治因素主宰你、你的时间或者你的态度。

16. 识别每个项目中的阶段性成果，聚焦如何实现这些成果。

17. 当你不关注是谁得到了收益时，你会发现，达成的成果是超出你预期的。

18. 设计"30 秒电梯演讲"来介绍你的业务情况，并且分享给其他人。

19. 从大局来看待和思考问题，这将帮助你保持对事情的洞察力。

20. 留意自己是否只关注自己喜欢的，或者能带给你个人收益的工作。只关注这类工作，会让你沉浸其中，甚至裹足不前。

21. 通过坚持不懈地完成承诺的任务，可以树立可被人信任的形象。

22. 结果导向。不要把完成活动复杂化。更聪明地工作，而不是更卖力地傻干。拉长工作时间，罗列"任务清单"，并不等同高绩效。

23. 保持健康。保持处于稳定的高能量水平，别人将会感受到你的能量。

24. 项目进程中要时时回顾你的目的与目标。

25. 通过测试，获得可衡量结果，来验证和评估工作流程中的方方面面。

26. 谨记你的位置越高，越需要其他人帮你完成任务。有意识地关注你获得成功时，其他人的付出，否则就可能有人蓄意破坏。要热诚地与他人共享成功。

27. 始终与你的老板、客户和其他人保持信息同步。

28. 问自己"我或我们能怎样为×××增加价值？"，然后进行到底。

29. 帮助你的团队移除前进障碍物以完成他们的目标。

30. 提防抱怨。那样人们会给你贴上消极的标签。避免消极的对话，同时不要忽视验证事实的真相。

31. 让结果能被看见，做到每天回顾。

32. 识别那些会让项目或者想法"流产"的人，让他们参与决策。

33. 通过谨慎的冒险与超出预期的成果，来验证你的行动方向与达成目标的方法。

34．依据影响力的高低和可能性的高低，来识别项目的风险。

35．庆祝目标的达成和取得的成绩。

36．识别关键路径及排除潜在阻碍。

37．记住用"最佳方案"获得一般结果，不如用"次佳方案"获得最佳结果。

38．时刻记住"你正在做什么"和"你为谁而做"很重要。

39．让想法变成现实。

参考文献

[1] Sacred Cows Make the Best Burgers: Developing Change-Ready People and Organizations; Robert Kriegel, David Brandt, Warner, 1996.（该书中译本书名为《神牛只能做最好的汉堡：培养对变化有准备的组织和个人》）

[2] The Seven Habits of Highly Effective People; Stephen R. Covey, Simon & Schuster, 1989.（该书中译本书名为《高效能人士的七个习惯》）

[3] The Performance Edge: New Strategies to Maximize Your Work Effectiveness and Competitive Advantage; Robert Cooper, Houghton Mifflin, 1991.

[4] How to Be a Star at Work: Nine Breakthrough Strategies You Need to Succeed; Robert E. Kelley, Times Business-Random House, 1999.

[5] Good to Great: Why Some Companies Make the Leap . . . and Others Don't; Jim Collins, Harper Collins, 2001.（该书中译本书名为《从优

秀到卓越》)

[6] Getting Things Done: The Art of Stress-Free Productivity; David Allen, Viking Penguin, 2001.（该书中译本书名为《尽管去做——无压工作的艺术》）

[7] Execution: The Discipline of Getting Things Done; Larry Bossidy, Ram Charan, Crown Publishing Group, 2002.（该书中译本书名为《执行：如何完成任务的学问》）

[8] Managing the Unexpected: Assuring High Performance in an Age of Complexity; Karl Weick, Jossey-Bass, 2001.

[9] What the CEO Wants You to Know; Ram Charan, Crown Business Books, 2001.（该书中译本书名为《CEO 说：像企业家一样思考》）

[10] The Carrot Principle; Adrian Gostick, Chester Elton, Free Press, 2009.（该书中译本书名为《胡萝卜原则：比薪酬更有效的激励方法》）

[11] The First 90 Days: Critical Success Strategies for New Leaders at All Levels; Michael Watkins, Harvard Business School Press, 2003.（该书中译本书名为《成败 90 天：新任公共部门领导的关键成功策略》

自我测评

用以下评分标准，自我评价你的下列领导力行为表现并评分。

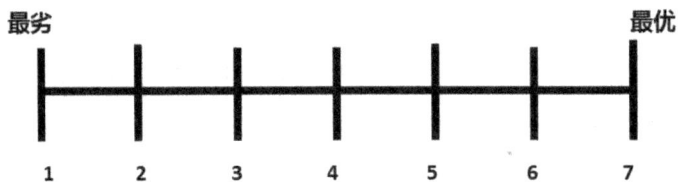

最劣　　　　　　　　　　　　　　　　　　　最优

1	2	3	4	5	6	7

_____我做事以终为始。

_____我在压力状态也能保持专注。

_____我建立明晰的测量方法来监督和检测结果。

_____我建立了明晰的和可行的时间计划。

_____我通过商定达成一致认可的角色和责任。

_____我通过商定达成一致认可的交付成果要求。

_____我让他人自愿承担责任。

_____我为自己承担责任。

评论：

⬅ 行动计划

写下在本部分能帮助你成为更好的领导者的三件事。

1.

2.

3.

如果你持续做这三件事情，会有什么改变？

你如何实现这些变化？

9. 诚信正直

> 比起我们的现在，过去的和将来的都微乎其微。
>
> ——拉尔夫·沃尔多·爱默生

■ 什么是"诚信正直"

领导者最重要的价值之一，是被他人信任。如果失去信任关系，其他都是毫无意义的。信任须通过一段时间，持续的有目的的行为、言语的积累而获得。信任不能够被要求或者被期待而获得。一个欠缺考虑的行为就可能摧毁信任关系。信任的实质是诚信。在你职业生涯中，很有可能你会面对需要妥协的情景，你如何应对这些情景，将影响你的个人声誉，以及更重要的是，你如何看待自己。这也将直接影响他人看待你的方式、你的可靠度，以及今后同事对你的信任程度。要做到诚信的最基本前提是，知道你的价值取向并有魄力以真示人。

参考以下实践建议，提升你的诚信正直能力。

■ 如何实践"诚信正直"

1. 看看自己是否曾经经历过以下诚信困境:

   - 我是否损害了他人的信誉?

   - 我是否会破坏我努力经营的信任关系?

   - 我的母亲会怎么说?

   - 如果此事成为报纸的头条新闻,我会作何感想?

   - 这对所有人都公平吗?

   - 我如何看待我自己的行为?

   - 我如何向我的家庭解释我的行为?

   - 这会带来一个双赢的互利关系吗?

2. 谨慎承诺,人们会记得并期待你做到。在你真正有计划(并能够完成)的情况下才做承诺。记录、自我监督你的所有承诺(直接的或暗示的)。你是否能跟进到底把事情做好,将直接影响其他人对你日后承诺的信任程度。

3. 你的行为是你价值取向的最佳表率。

4. 你的组织中是否把价值取向书写成文了? 如果有,把它找出来并仔细阅读,真实地学习和理解,并用组织的价值取向教导他人。你需要成为价值取向的榜样。在任何的交流过程中以身作则,鼓励他人跟随并成为典范。如果你的组织还没有成文的价值取向,现在就着手开始写。

5. 犯错了要承认。每个人都会犯错,但甚少人会承认自己错了。别人会因为你的诚实而佩服你,并跟随你变得诚实。

6. 世界很小，你烧断某个连接的"桥梁"，很有可能日后你不得不重新建立。

7. 询问你信任的同事，他们对你的可信赖性和诚信度的反馈。开放地、不做评判地接纳他们的反馈。

8. 对不符合价值取向的行为不闻不问的做法，会让别人认为你和你的团队也是容许这些行为发生的。

9. 记住一条黄金原则，你期望别人如何对待你，就用同样的方式对待别人。

10. 当出现一个道德两难的情景时，鼓励开放、真诚的探讨。

11. 当遇到一个道德两难的情景时，使用经验原则来应对：如果其他人遇到这个情景来寻求咨询我，我会给他们什么建议？

12. 建立信任的声誉需要一段时间。这是一个持续的过程。不要因为某个特殊时刻或情景而总改变。而是随着时间的推移，在与你的互动中，他人会观察你的行为，基于他们的经验及对诚实正直的认知，逐渐建立对你的信任。

13. 营造与员工、客户、雇主及其他利益相关者之间直接的、诚实的、开放的沟通模式，这将直接带来更加信任的相互关系。

14. 确保你的言行一致。

15. 营造一个氛围，让所有人愿意任何时候都告诉你他的担忧。尊重他们的自信（不随意贬低），你的上司及下属对你的信任和信心是你成功的关键因素。

16. 如果你不被信任，你的下属将不愿意与你分享信息。毋庸置疑，你会因此缺失必须知道的关键信息，从而影响你的工作效率。

17. 避免只是为了讨好他人而做出承诺。如果你这么做，一方面你没有以真示人，另一方面你的声誉和诚信会被破坏。

18. 不管你多么聪明，多么有竞争力，多么有才能，多么有技巧，信任比什么都更重要。如果他们不确定是否可以信任你，将威胁任何结果实现的可能。

19. 询问公司法务部门或督察部门的建议。

20. 无意之间的承诺，也是你的承诺。用清晰的、明白的措辞避免误解。

21. 当被挑战或质疑时，给予直接的、完整的、诚实的回应。逃避问题最终会导致你的信誉和诚信的降低。

22. 不要隐瞒团队需要的任何信息。让团队成员保持信息的同步更新。

23. 以身作则，为你的团队挡掉第一、第二甚至第三颗"子弹"。

24. 留意你是否过分关注达成结果，你有可能因此而过度承诺。

25. 言而有信。

■ 参考文献

[1] Integrity; Stephen L. Carter, Harper Perennial, 1996.

[2] The Power of Ethical Management: Integrity Pays; Ken Blanchard, Norman Vincent Peale, Morrow, 1988. （该书中译本书名为《肯·布兰佳管理经典系列：信任为王》）

[3] Solving Costly Organizational Conflict; Robert Blake, Jane Mouton, Jossey-Bass, 1984.

[4] The Leadership Challenge: How to Keep Getting Extraordinary Things Done in Organizations; James M. Kouzes, Barry Posner, Jossey-Bass, 1995（Chapters 7-9）.（该书中译本书名为《领导力：如何在组织中成就卓越》第 7~9 章）

[5] Survival of the Savvy: High-Integrity Political Tactics for Career and Company Success; Rick Brandon, Marty Seldman, Simon & Schuster Adult Publishing Group, 2004.

[6] High Performance with High Integrity; Ben W. Heineman, Harvard Business School Press, 2008.

[7] Integrity: The Courage to Meet the Demands of Reality; Henry Cloud, Collins Business, 2006.（该书中译本书名为《乐活人生的 6 项修炼》）

[8] Winners Never Cheat; John Huntsman, Wharton University Press, 2005.

[9] The Speed of Trust; Stephen M.R. Covey, Free Press, 2008.（该书中译本书名为《信任的速度：一个可以改变一切的力量》）

自我测评

用以下评分标准，自我评价你的下列领导力行为表现并评分。

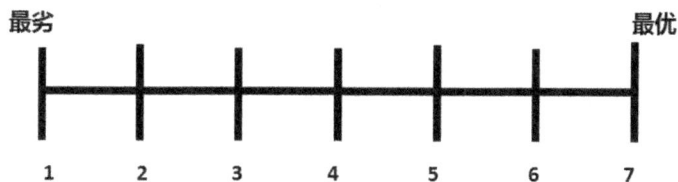

最劣　　　　　　　　　　　　　　　　　　　**最优**

1　　2　　3　　4　　5　　6　　7

_____我说到做到。

_____我在做出决策前会关注道德伦理的影响。

_____我公开支持的事件或决定，我也会私下支持。

_____我建议他人遵从他们自己的价值取向。

_____我遵从公司的价值取向。

评论：

行动计划

写下在本部分能帮助你成为更好的领导者的三件事。

1.

2.

3.

如果你持续做这三件事情，会有什么改变？

你如何实现这些变化？

10. 解决问题

> 我们不能用制造问题时的同一思维水平来解决问题。
>
> ——阿尔伯特·爱因斯坦

■ 什么是"解决问题"

作为领导者,你的首要目标之一,就是识别和处理那些阻碍团队完成目标和达到目的的困难与障碍。这需要有效率和有创意地解决问题。解决这些问题需要独创力和创造力,这样你才能在已有的时间限制和财务预算内,继续完成你所负责的工作。做到这些通常需要你利用有限的职权、所有可能的资源、你的职业圈人脉和你所能想象到的所有方法。问题解决是对领导者工作职责中最困难的部分。这从来都不容易。

参考以下实践建议,提升你的解决问题能力(也可以参照"制定决策"部分的实践建议——其中有不少也适用于"解决问题")。

如何实践"解决问题"

1. 要留意你所判定的问题是问题的现象还是真正原因。聚焦核心问题本身，而不是它造成的结果。在问题解决中首要和最重要的一步是准确地定义问题。管理学大师彼得·德鲁克一语中的地指出"准确地定义了问题就已经解决了一半的问题"。准确地定义问题是需要花时间的，所以你应当保持耐心和坚持不懈。测试、质疑、验证问题是否准确定义了。

2. 开始解决问题之前，询问团队中的每个成员，让他们用自己的话说出是如何看待这个问题的。这一步将确保你从不同角度看待问题。

3. 在白板或者活动挂图板上写下问题的定义，在问题解决过程中让所有人都能够看到它。

4. 团队一起回顾问题的历史。反观之前是如何处理这个问题的。充分考虑文化和规范对现状的影响。

5. 分别列出以下与问题有关的所有方面：现象、附带情况、直接影响、产生原因等。这将帮助你把问题的"相关原因"进行归类整理。

6. 一个理想的头脑风暴问题解决小组由 5~8 个不同背景的人组成。头脑风暴只有当"第一规则不被违反"时才有效。这个规则是，对提出的任何建议不做出语言或非语言的批判或评估。营造一种"什么都行"的氛围。直至头脑风暴环节结束，评价环节才开始。

7. 在确定可能的答案或解决方案之前，不要忽略直觉、预感、情绪和没有预期或者不合逻辑的想法。把这些单独分开列在另一张表上。他们往往在某些方面或某种程度上有所帮助。

8. 利用所有可用的工具、表格、数据、矩阵和官方或非官方来源的信息来帮助识别问题原因和可能的解决办法。不要轻视或忽略任何信息。

9. 一个非常有价值的问题解决方法是"多面共存思考方法"：同时考虑多面的矛盾，不是"只选其一"，而是"假设矛盾可以共存"，然后寻找最优的共存方法（名字来源于罗马门神杰纳斯，他代表着开始和结束，拥有分别朝向相反方向的面孔，并被印在了罗马币的正反面）。你只是需要问两组问题。

第一组问题：

- 谁是最可能应对这个状况的人？

- 过去是如何处理这个状况的？

- 哪些工具和流程曾被使用过来处理相似的问题？

第二组问题：

- 谁是最不可能应对这个状况的人？

- 过去是如何没有处理这个状况的？

- 哪些工具和流程未曾使用过来处理相似的问题？

你会诧异地发现在第一组问题中你解决问题的方法有多么局限，而在第二组问题中你的思路有多么开阔。

10. 把你的问题放在一个全新的或者不同的情景中。在另一个情景中寻找相关性，这可能帮助你从不同的角度看待它。

11. 来源于预算、时间计划、高管、外媒等的压力是否限制或者约束了你对问题真正原因的思考？想象如果你没有这些压力，你会如何看待这个问题、事件或担忧。

12. 一个常常被忽视的关键部分是问题解决阶段的执行程度。你必须检测：1）解决问题的可用资源；2）谁将受到影响；3）对问题解决可能受到的阻碍和原因；4）对解决方案的沟通和说明；5）所有额外的影响因素。

13. 确保解决问题的团队中有逻辑思维的人和开创思维的人，两者都是必需的！你也需要不同的背景、知识和专业带来的视角和观点，这是成功解决问题的必要条件。

14. 和局外人分享这个问题。他将从第三方客观的全新的视角看待问题。把他的观点和团队成员分享。

15. 确保在寻找问题原因和解决方案时，所有的建议被完全澄清。有可能提出的建议没有清晰表述，或者被误解了，或者被有色眼镜过滤了，以致这些建议没有被采用。因此要寻求澄清。询问建议的提供者。当建议被澄清时，会启发团队看到新的不同。

16. 最好的解决方案可能来源于最意想不到的资源。向年轻的没有经验的团队成员，以及资深的领导者询问他们的建议。

17. 识别你的客户价值是什么。

18. 避免过早做出结论。

19. 问题解决的两个方法：

- 聚焦法——一个符合逻辑的、深思熟虑的、既定途径得出的解决方法。

- 发散法——一个更富创意的、依赖于直觉、幽默、谬论和创新的解决方法。

20．创造性解决问题的第一步是跳出规则思考问题。避免刻板的封闭思维造成的限制性思维和精神枷锁。

21．你处理"小事件"的方式将会决定它是否会发展成未来需要解决的"大问题"。

22．不要用既定的解决方法定义问题。

23．意识到我们脑海中的故事，往往是夸大的，不准确的。

24．避免因既有条件限制了问题的解决方法。

25．典型的问题解决步骤包括：

（1）定义问题

（2）设计各种解决方案

（3）选择解决方案

（4）实施解决方案

（5）评价实施过程

（6）持续优化改进

■ 参考文献

[1] Breakthrough Thinking: Why We Must Change the Way We Solve Problems, and the Seven Principles to Achieve This; Gerald Nadler, Shozo Hibino, Prima Publishing, 1990.

[2] That's No Problem!: A Problem-free Approach to Problem Solving; Dr. Marlene Caroselli, AMI How-To Series, American Media Publishing,

1997.

[3] Conflict In Organizations: Practical Solutions Any Manager Can Use; S. Turner, F. Weed, Prentice-Hall, 1983.

[4] Managing Conflict: Interpersonal Dialogue and Third Party Roles; Richard Watton, Addison-Wesley, 1987.

[5] Effective Group Problem Solving; William M. Fox, Jossey-Bass, 1987.

[6] Getting Things Done: The Art of Stress-Free Productivity; David Allen, Viking Penguin, 2001. （该书中译本书名为《尽管去做——无压工作的艺术》）

[7] 101 Creative Problem Solving Techniques: The Handbook of New Ideas for Business; James M. Higgins, New Management Publishing Co., 2006.

[8] The Thinker's Toolkit: 14 Powerful Techniques for Problem Solving; Morgan D. Jones, Three Rivers Press, 1998.

[9] Getting to Yes: Negotiating Agreement Without Giving In; Roger Fisher, Bruce M. Patton, William L. Ury, Houghton Mifflin, 1992.

[10] Common Sense Management: Quick Wisdom for Good Managers; Roger Fulton, Ten Speed Press, 2009.

自我测评

用以下评分标准，自我评价你的下列领导力行为表现并评分。

最劣　　　　　　　　　　　　　　　　　　最优

```
1    2    3    4    5    6    7
```

_____我清晰地识别和定义问题。

_____我定义问题时保持多视角。

_____我注意观察其他人是如何处理相似问题的。

_____我解决问题时考虑多种方法。

_____我有效地按照优先级排列问题。

_____我有效地管理人员来解决问题。

_____我持续地寻找优化解决问题的方法。

评论：

行动计划

写下在本部分能帮助你成为更好的领导者的三件事。

1 .

2 .

3 .

如果你持续做这三件事情，会有什么改变？

你如何实现这些变化？

11. 教练

赠人玫瑰，手留余香。

——中国古谚

■ 什么是"教练"

作为领导者最主要的工作之一是培养下属。你需要同时对你的员工和组织负责，培训和培养你的团队，让他们可以充分发挥潜能表现良好。这是领导者必备的意识，值得你投入时间让他们成长。没有两个人是一模一样的。每一个都要求你定制化设计培养方式，这也是你必须具备的灵活性。这需要你学习有效的教练技术。

参考以下实践建议，提升你的教练能力（包括三类：通用教练、职业发展教练以及行动教练）。

■ 如何实践 "教练"

通用教练

1. 建立教练与员工间积极的、舒适的、友好的氛围。

2. 根据员工的意愿度高低来决定最适合的教练方式。

3. 对于主管和经理，一个主要的关注点是持续提升自我的人际关系技巧。

4. 提供关于高绩效表现的 360 度评估或反馈，帮助下属了解他们的优势和不足。通过强化他们的优势以及弥补他们的不足来帮助他们。

5. 关注点放在行为，而不是你的看法或对行为的解读上。

6. 充分利用下属可被教练的时机。

7. 提供具体的、经常性的绩效反馈。

8. 挑战下属做得更多。

9. 你不需要赢每一场战斗来赢取整个战役。

10. 给予下属观点及选择权——这是授权。

11. 教练的态度和角色包括：

    - 成为一个好的倾听者

    - 给予反馈

    - 给予支持

    - 提供建议

    - 给予相应的赞赏和鼓励

    - 让他人为自己的工作负责

    - 耐心

- 给予经常性的绩效反馈

- 解释"为什么"

- 保持开放心态

- 持续跟进

- 培训

- 以身作则

职业发展教练

12．作为职业发展教练，鼓励绩优表现的成员花时间了解未来期望
　　职位的工作职责描述、岗位的实际工作内容与要求。

13．职业发展教练必须在接班人计划中扮演主要角色。这可以直接
　　强化组织的"板凳深度"。

14．定制职业发展教练内容，将员工的个人职业发展目标和潜力整
　　合在一起。

15．职业发展教练为员工尝试通常不会尝试的新事物提供精神支持
　　和鼓励。这是极为有价值的，尤其当他们显现巨大的潜力或倾
　　向某个领域时。

行为教练

16．只有当你相信缺点是可以改变的，相信员工是有能力完成工作
　　的，相信员工是愿意进步的，你给予的教导才会被采纳。

17．立即指出不佳的或低于期望的工作表现。不可拖延。

18．不要花太多时间在表现不佳的员工身上，你的明星员工会感觉
　　被忽略。

19. 在进行正式的教导前，可先尝试简单的行为教练方式。

20. 在岗培训和教练可以授权其他人来执行，不一定只是直接上司才能做。可以从人力资源部门或者可信任的同事获取后备人选的建议。

21. 给予适当的合理时间让员工适应新的工作职位。技术类的新工作可能只要数小时，而管理类的新工作需要更长时间。

22. 如果资深管理者有明显的无法弥补的缺陷，考虑以增加团队人员的方式弥补这个缺陷。

23. 切记，最简单羞辱他人的方式，是当众训斥他（她）。

24. 你必须用明确的方式告诉他人他做了什么以及为什么是不被接受的。

25. 把人和事分开看待。评判行为，培养人。

26. 提醒他们，你很重视他们。

27. 引导他们，他们可以做什么特定的动作以避免日后再出现类似的行为。

28. 随时准备好为他们的未来发展提供支持。

29. 不要总是提醒他人的不足或短板。

30. 教练时，要跳出只关注被教导对象自我认知的工作或技能不足的原因的框框，才能发现真正的原因和动机。

31. 帮助他们学习并掌握能达成期望成果的恰当方法。

32. 做跟进面谈并检查结果。一旦他们明确知道工作的标准后，让他们为自己的工作负责。

33. 根据需要，将所有相关的讨论进行记录，作为日后的参考。

参考文献

[1] The Heart of Coaching; Thomas Crane, F T A Press, 2007. （该书中译本书名为《伙伴教练：转化团队高效能的关键力量》）

[2] Masterful Coaching; Robert Hargrove, Pfeiffer, 2008.

[3] Coaching for Leadership; Marshall Goldsmith, Laurance Lyons, Pfeiffer, 2005. （该书中译本书名为《美国管理协会领导力提升手册》）

[4] Goal Setting: A Motivational Technique That Works!; Edwin Locke, Gary Latham, 1984.

[5] Please Understand Me: Character and Temperament Types; David Keirsey, Marilyn Bates, Prometheus Nemesis, 1984.

[6] The Empowered Manager: Positive Political Skills At Work; Peter Block, Jossey-Bass, 1990.

[7] Putting the One Minute Manager to Work: How to Turn the 3 Secrets Into Skills; Ken Blanchard, Robert Larker, Morrow & Company, 1984. （该书中译本书名为《一分钟经理人》）

[8] The Art and Practice of Leadership Coaching; Howard Morgan, Phil Hawkins, Marshall Goldsmith, John Wiley & Sons, 2005.

[9] Executive Coaching; Peter Stephenson, Prentice Hall, 2000.

[10] Talent is Overrated: What Really Separates World-class Performers from Everybody Else; Geoff Colvin, Penguin Books, 2008.

[11] Now, Discover Your Strengths; Marcus Buckingham, Donald Clifton, Free Press, 2001. （该书中译本书名为《现在，发挥你的优势量》）

[12] The Rules of Work; Richard Templar, Prentice Hall Business, 2003.
（该书中译本书名为《职场的 100 条法则》）

[13] Strengths-Based Leadership; Tom Rath, Barry Conchie, Gallup Press, 2008.

自我测评

用以下评分标准，自我评价你的下列领导力行为表现并评分。

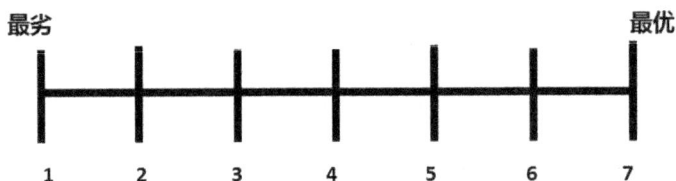

最劣 | | | | | | | 最优
1 2 3 4 5 6 7

_____我是一个有效的教练，可以帮助员工提升工作表现。

_____我给予明确的、专业的、及时的反馈。

_____我确保下属的成长获得必要并及时的培训。

_____我帮助员工逐步发现、认同、领悟对个人成就的高度意识。

_____我有灵活的管理风格来应对不同人和挑战。

评论：

行动计划

写下在本部分能帮助你成为更好的领导者的三件事。

1.

2.

3.

如果你持续做这三件事情，会有什么改变？

你如何实现这些变化？

12. 自我管理

> 在权力的各种表现方式中，有节制地使用权力
> 最能打动人心。
>
> ——修昔底德斯（古希腊历史学家）

■ 什么是"自我管理"

人们需要强大的自信应对生活的种种挑战。这些挑战是管理自我而不是被自我所束缚。平衡的自我，与过度的自尊和虚荣不同，需要谦逊、适度的自我信心和决断。真正成功的领导知道如何平衡他们的自我。他们展示自己，他们为下属首先鼓掌，他们不关注是谁获得了成果——唯一重要的是把事情做好。

参考以下实践建议，提升你的自我管理能力（也可以参照"倾听"部分的实践建议——其中有不少也适用于"自我管理"）。

■ 如何实践"自我管理"

1. 当有压力或负担的时候，要格外留意，这个时候，是自我丑恶的一面最容易出现和控制你与他人的交流方式的时候——通常会导致你之后的后悔。

2. 当人过分自负时，得到的赞赏更少，失去的成长机会更多。人们会感觉不舒服并与他保持距离。

3. 别把自己太当回事。一笑了之。

4. 成功的自我管理让你从各个方面变得更加灵活，是你效能和领导力的真实资本。

5. 观察组织中的其他人，尤其是资深经理和高管。留意他们是如何管理自我的（好的和不足的），并分析他人是如何给予不同的回应。

6. 糟糕的自我管理将导致追悔莫及的、具有破坏性的行为。

7. 过度的自我可能源自他人认为你不够好甚至很差。

8. 过于膨胀的自我往往导致无产出（甚至负产出）的两败俱伤结果。

9. 当领导者刚愎自用时，将无法察觉到同事或团队受到的挑战。

10. 对他人的同理心有助于提升自我管理能力。当他人挣扎于任务或挑战时，你能感同身受，从而可以提供建议或帮助。

11. 坚韧不拔，俗称"反弹能力"，是健康自我的另一个特征。当面对重大的失败及沮丧时，平衡的自我（此时更加谦逊）懂得从经历中学习并再来一次。

12. 适当的时候对他人怜悯。用简短的对话表达出你对他们发自内心的关心。

13. 解决问题时，不要首先给予观点。让其他人先发表观点，认同并表扬他们的贡献，指出他们贡献中的优点。当你表达你自己的看法时，留意言语或肢体语言都不会传达"只有我的观点是对的"的意思。

14. 放慢你的反应速度；想清楚再决定。

15. 问问自己，我能如何处理事情，以减少对重要关系的负面影响。

16. 没有人能够垄断事实。良好管理的自我深知这一点，并欢迎他人参与提供信息。

17. 支持他人提出的想法，即使他们的和你想的不一样。

18. 当聆听和对话时保持专心。不要主导对话。引导他人参与。鼓励他们分享他们的想法。

19. 当他人挣扎着应对一个新任务时，显示并保持你的耐心。根据他们的需要给予指导。

20. 对他人提供的各种支持保持开放的态度，而不仅仅是表个姿态。尤其当你非常擅长做这件事时，不会让人觉得你高人一等。

21. 良好自我的另一个特征，是适应外部变化的程度。反之，过于自我的人希望世界适应他。良好的自我能够接受各种新的规则、制度以及要求。

22. 拥有"自我膨胀"的人往往更关注感觉而不是事实。

23. 学会经常问："你怎么想？"——让他人参与你的思考过程。这会让他们感受到更大的价值，同时不会认为你过于以自我为中心。

24．检验自己是如何回应他人的。你是否倾听他们的想法？你是否感谢他们的建议？

25．管理并控制你打断他人说话的次数。

26．真诚有礼貌地对待他人。

27．不要"烧断桥梁"。某一天你可能不得不需要走过这座"桥"。

28．学会控制你的脾气。

29．不要因喜好某人而给予更多的时间。

30．留意你参加会议时"说话时间"的长短，必要时减少。

31．管好自己的嘴巴。

32．承认错误。通过自己的以身作则，让别人看到，那么其他人也会这么做。

33．从什么是对团队最好的，而不是什么是对自己最好的，来思考问题。

34．要知道即使自己是对的，缺少他人的参与和想法，你也无法成功。

35．把他人看作平等合作的伙伴。

36．经常性分享对他人的正面反馈。共享成功的贡献，共享荣耀的时刻。做第一个为他人鼓掌的人。

37．避免公开的或私下的讽刺或打压他人。

38．了解他人给予你的正式反馈（360 评估、面试等），当你收到时，理性地分析和思考。

参考文献

[1] Egonomics: What Makes Ego Our Greatest Asset （or Most Expensive Liability）; David Marcum, Steven Smith, Fireside, 2008.

[2] People Skills; Robert Bolton, Touchstone Books, 1986. （该书中译本书名为《职场型人》）

[3] Messages: The Communication Skills Book; Matthew McKay, Martha Davis, Patrick Fanning, New Harbinger, 1983. （该书中译本书名为《720° 全景沟通》）

[4] Forgive and Forget; Lewis B. Smedes, Pocket Books, 1988.

[5] The Seven Habits of Highly Effective People; Stephen R. Covey, Simon & Schuster, 1989. （该书中译本书名为《高效能人士的七个习惯》）

[6] Listen Up! Hear What's Really Being Said; Jim Dugger, AMI How-To Series, American Media Publishing, 1995.

[7] Mine's Bigger Than Yours: Understanding and Handling Egos at Work; Susan Debnam, Cyan Communications, 2006.

[8] Why CEOs Fail; David Dotlich, Peter Cairo, Jossey-Bass, 2003.

[9] Now, Discover Your Strengths; Marcus Buckingham, Donald Clifton, Free Press, 2001. （该书中译本书名为《现在，发挥你的优势》）

自我测评

用以下评分标准，自我评价你的下列领导力行为表现并评分。

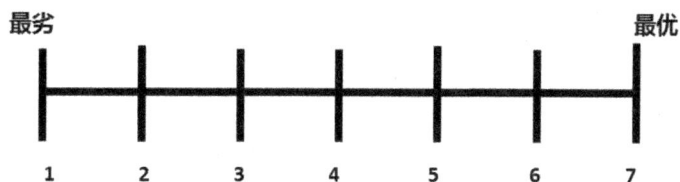

最劣　　　　　　　　　　　　　　　　　　　　　　　**最优**

1	2	3	4	5	6	7

_____我会问别人：你怎么想？

_____我称赞他人的努力和成就。

_____我根据实际的功劳给予奖励。

_____我平等地对待他人。

_____我不主导谈话的过程。

_____我与他人共享"荣誉时刻"。

_____我询问并欢迎任何反馈。

评论：

行动计划

写下在本部分能帮助你成为更好的领导者的三件事。

1.

2.

3.

如果你持续做这三件事情，会有什么改变？

你如何实现这些变化？

13. 倾听技巧

> 有说话勇气的人，一定有倾听的智慧。
>
> ——佚名

■ 什么是"倾听技巧"

倾听是关键技能，是所有管理工作的基石，同时也是最容易被人们低估和忽略的。因而在各种领导能力的评估中，往往领导者在"倾听"能力的评估中会得到其直接下属和其他同事较低的评价。有效的倾听，简单直接地传递了领导者对团队、对团队观点、对团队组织贡献的关心。有效的倾听能直接帮助问题的解决、决策的制定和良好工作关系的维系。

参考以下实践建议，提升你的倾听能力（也可以参照"自我管理"部分的实践建议——其中有不少也适用于"倾听"）。

■ 如何实践"倾听技巧"

1. 倾听时不做任何评判。

2. 倾听时尝试识别说话者的真正意图。他（她）真正想要表达什么？

3. 非语言信号和语言本身是否一致？如果不一致，重点关注非语言信号。

4. 倾听时做到感同身受。设身处地为他人着想。他们从哪里来？他们的顾虑背后是什么？

5. 时刻留意自己的"有色眼镜"（你的情绪、你的偏好、你的假定条件）。

6. 通过询问和澄清，确保你正确理解他人表达的意思。

7. 倾听越好，对情况的掌控越好。

8. 定期与你的每个下属进行一对一交流并倾听，双方都将会获得成果。

9. 反思型倾听（积极地聆听、以提问的方式给予回应）不仅会帮助你的下属自己解决他们的问题，而且能避免你提出的问题解决方案他不认同。

10. 一对一面谈时，移除彼此间的屏障，不要坐在你的桌子或者工作台后面。

11. 真诚地倾听能让他人知道，你是真正在乎他和他的感受。

12. 在头脑风暴环节，让每个人各抒己见。

13. 使用积极的肢体语言。消极的肢体语言可能会让别人觉得你走神了。

14. 在倾听尝试识别老板的常用"特定参数"、他的思考模式：他的意图、敏感点、压力点、担忧点以及目标是什么。这将帮助你置身于更好的语境中理解他正在说的是什么，帮助你知道如何去回应，什么时候回应。

15. 永远不要质疑进一步澄清的必要性。这将让对方知道你是真心地想要理解他。

16. 学习去认知和识别你对老板、员工和同事的"有色眼镜"（偏好、情感、成见、假设）。这将最大限度降低你对他们的误解，也将从长远上帮助你认识到自己的"有色眼镜"。

17. 出现冲突时，专注的倾听尤为重要。在这个节骨眼上，领导者需要仔细观察每一个细微的差别所传递的信号，如他的肢体语言、瞬间的犹豫不决、情绪、眼睛、面部表情、说话语音语调的变化等，在适当的时候进行回应。

18. 留意你肢体语言揭示的信息：双臂交叉抱于胸前意味着你是防备警惕的，不停的小动作意味着你觉得无聊；眼睛四处看意味着你的注意力正在被其他某些事或者人转移；不停地玩弄手中的笔意味着你很紧张。

19. 通过提问和聆听对方的回应获得澄清。

20. 切记：人们在知道你关心他之前，不会关心你知道的是什么。有效倾听是让人们知道你关心他最好的方法。

21. 控制住自己不自觉想解决他人问题的冲动，往往他们只是需要被倾听而已。

22．批评和评判，会激发情绪波动或者使人丧失兴趣。

23．好的倾听技能可以帮助你：

- 更精确地倾听

- 对你听到的做出回应

- 了解他人

- 更好地理解你听到的内容

- 更好地记住你听到的内容

24．用你的耳朵和眼睛去倾听。

25．沟通是 20% 的语言信息（需要你的耳朵）和 80% 的非语言信息（需要你的眼睛）。（非语言信息包括姿势、眼神、语调、面部表情、肢体语言、情绪、情感程度、精力状态、衣着、氛围、陈设等。）

26．好的倾听者有以下特征：

- 寻求双方的一致之处

- 保持开放思维

- 保持兴趣盎然并专注聆听

- 不给予建议

- 给予非语言回应（点头、眼神交流、面部表情、微笑）

27．避免电子设备、手机等分散你的注意力。时刻聚焦于你正在倾听的人。

28．控制和管理你的自我。

29．在倾听前，清空头脑中干扰你专注倾听的其他念头。

30．倾听是为了理解，而不是为了回应。别人发言时不要急于反驳。

保持适度的沉默，不要打断别人。

31. 提开放性澄清式的问题（例如，你是什么意思？你为什么有这样的感受？你为什么这么说？你能就这点详细解释一下吗？为什么这么说呢？接下来发生了什么？我听到你说的是这个意思吗？你对这点是什么感受？），以在讨论中获得对问题的现实的和准确的理解。这些提法都会强化他人知道你是认真在倾听。

参考文献

[1] Listening Behavior; Larry Barker, Prentice-Hall, 1971.

[2] How to Speak. How to Listen; M.J. Adler, Collier, 1983.

[3] Listening: The Forgotten Skill; Madelyn Burley-Allen, John Wiley & Sons, 1995.

[4] I Hear You: Listening to Make You a Better Manager; W.E. Atwater, Prentice-Hall, 1982.

[5] Are You Really Listening?: Keys to Successful Communication; Paul J. Donoghue, Mary E. Siegel, Sorin Book, 2005.

[6] Listen Up!: Hear What's Really Being Said; Jim Dugger, AMI How-To Series, American Media Publishing, 1995.

[7] The 7 Powers of Questions: Secrets to Successful Communication in Life and at Work; Dorothy Leeds, Perigee Trade, 2000.

自我测评

用以下评分标准，自我评价你的下列领导力行为表现并评分。

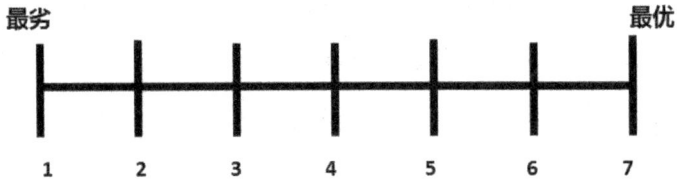

最劣　　　　　　　　　　　　　　　　　　　　**最优**

```
1    2    3    4    5    6    7
```

_____我在倾听他人时暂停了评判。

_____我在倾听他人时保持眼神交流。

_____我关注他们的非语言性行为。

_____我没有预设答案的提出问题

_____我转述观点以确保理解。

评论：

行动计划

写下在本部分能帮助你成为更好的领导者的三件事。

1.

2.

3.

如果你持续做这三件事情，会有什么改变？

你如何实现这些变化？

14. 个人发展

> 浑浑噩噩的生活不值得过。
>
> ——苏格拉底

■ 什么是"个人发展"

苏格拉底极富智慧的训诫"认识自己"适用于处在职场各个阶段的所有人。我们越能意识到阻碍我们成就的才能和行为，我们工作和生活的所有方面就能变得越有效。自我意识是个人成长的第一步。要有时刻渴望进步的态度。

参考以下实践建议，提升你的个人发展能力。

■ 如何实践"个人发展"

1．识别你的优势并在此基础上继续努力。

2．聚焦以下四个方面的自我发展：

- 处理冲突的能力。

- 管理自我的能力。

- 从他人角度看待和理解情况的能力。

- 控制愤怒的频率和程度的能力。

3. 你对自己从过往经历中获得个人成长的结果负责，使之成为一种学习方法。

4. 个人成长是永无止境的过程。它开始于对自我认知的接纳，持续于对自我个人成长的决心。

5. 意识到"时间盗贼"悄悄地偷走了你的时间，不然你可以花这些时间来打造和升级自己的个人成长"工具箱"。利用碎片时间琢磨和分析个人成长机会。

6. 评估你现在的能力。明确你五年后期望的状态，还需要什么能力来达成，找出你现状和期望之间的差距。这就是你个人成长的起点。

7. 开放地接纳他人对于你表现的反馈。

8. 回顾"倾听"章节的实践建议，改进你的主动倾听能力。

9. 充分利用各种评估（360 度评估、绩效评估等）获得个人反馈，让你从他人的视角看待自己。当你收到评估时，留意不要找理由。不设防卫地看待它。

10. 找一个值得信赖的同事评估你与他人的日常互动情况。

11. 回顾你笔记里过往几年反馈环节和绩效考核中老板给你的建议。你看到了什么变化？哪些不足已经不再出现？这些建议是你非常有价值的数据。

12. 在一定范围内列出你想要改进的方面，不要做一个太长的列表。

否则很有可能你无法全部完成。设定 1～5 项你认为需要改进的行为或做法。

13. 当设计计划突破你的目标时，考虑目前你的工作量、上司的安排及对你的期望要求、工作外事情所需的时间，以及其他相关因素。考虑到这些将会让你的计划更可能实现，也将减少因计划无法实现而感到挫败的可能。

14. 和你信任的同事、教练、导师或者朋友分享你的个人成长意向，这将促进和刺激你坚持你的目标。他们将鼓励和支持你。

15. 一旦你启动了自我成长的计划或尝试，就把它当作日常工作的一部分，严肃认真地对待它。坚持不懈地做下去。

16. 提升自己优势的基准值。推动自己达到新的和更高的绩效。你的优势是你最大的资产。

17. 最大的职业障碍之一就是不能适应差异和改变。评估你的适应性程度。

18. 留意不要过于野心勃勃。倾向于"向上管理"的人往往多于倾向"向下管理"的人或者"平级管理"的人。应该保持这三个管理方向的平衡。

19. 当你为晋升做计划和准备时，谨慎和明智地选择你的战场。控制你的情绪。

20. 没有什么能够对等名副其实的、毋庸置疑的努力。这将让你被人们记住和被贴上靠谱的"标签"。手腕花招、操控摆布、自我抬高都将黯然失色。

21. 开发帮助他人的实际能力并持续实践。这将提升你在他们眼中的形象，他们将数倍奉还予你。

22．尝试领会他人是如何感受问题的。

23．评估你的个人习惯、行为习惯、个性癖好及群体行为。

24．分析你目前工作职责的要求。你最喜欢其中哪些方面？为什么？充分利用它们会为你带来成功。

25．问问自己，当你的观点或建议被人否决时，你是如何处理的。

26．评估你给予了他人多少情感支持。

27．当同事想要和你说话时，你能觉察到。谈话时，多听少说。

28．你的脾气或者急性子是否降低了你的效率？

29．你能否倾听相反的观点？

30．不同的情况需要不同的技巧和途径。

31．让你得到当前职位的技巧、知识和才能不一定能满足下一个职位的需求。你将需要学习并掌握新的能力。

32．识别和寻找需要你全力以赴的任务。

33．识别盲点并找出应对方法。

34．找到一位导师或者教练帮助你成长。

35．更多微笑。记住，微笑比皱眉需要更多的肌肉参与。

36．把做事本身当作乐趣。这将传递给每个人强大的信号。

37．找到你谦逊和自信的平衡，这将让人们敬佩你。

38．培养耐心。这是应对各方面生活的唯一方法。

参考文献

[1] Emotional Intelligence: Why It Can Matter More Than I.Q.; Daniel

Goleman, Bantam, 1994. （该书中译本书名为《情商》）

[2] StrengthsFinder 2.0: A New and Upgraded Edition of the Online Test from Gallup's Now, Discover Your Strengths; Tom Rath, Gallup Press, 2007. （该书中译本书名为《盖洛普优势识别器 2.0》）

[3] The Etiquette Advantage In Business: Personal Skills For Professional Success; Peggy Post, Peter Post, Harper Collins, 1999. （该书中译本书名为《礼仪圣经》）

[4] Attitude: The Choice Is Yours; Michele Mattyanna, AMI How-To Series, American Media Publishing, 1996.

[5] Why CEOs Fail; David Dotlich, Peter Cairo, Jossey-Bass, 2003.

[6] People Skills; Robert Botton, Touchstone Books, 1986.

[7] True Professionalism: The Courage to Care About Your People, Your Clients, and Your Career; David H. Maister, Simon & Schuster Adult Publishing Group, 2000.

[8] What Got You Here Won't Get You There; Marshall Goldsmith, Profile Books, 2008.

[9] Talent is Overrated: What Really Separates World-class Performers from Everybody Else; Geoff Colvin, Penguin Books, 2008.

[10] The Five Temptations of a CEO; Patrick Lencioni, Jossey-Boss, 1998.

[11] Now, Discover Your Strengths; Marcus Buckingham, Donald Clifton, Free Press, 2001. （该书中译本书名为《现在，发挥你的优势量》）

[12] The Rules of Work; Richard Templar, Prentice Hall Business, 2003. （该书中译本书名为《职场的 100 条法则》）

自我测评

用以下评分标准，自我评价你的下列领导力行为表现并评分。

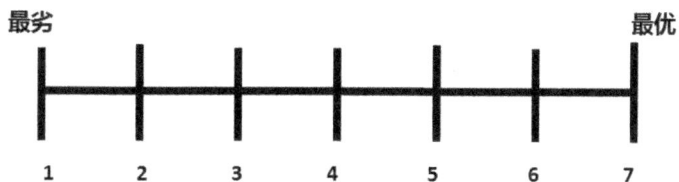

最劣 |————|————|————|————|————|————| **最优**

1　　2　　3　　4　　5　　6　　7

_____ 我每周都花时间致力于个人成长。

_____ 我把我的同龄人或者同事当作教练和反馈提供者。

_____ 我参加职业发展和社交活动。

_____ 我在每天的工作中不断尝试运用新的工具或者知识。

_____ 我保持家庭和工作的平衡。

_____ 在工作之余我保持兴趣爱好。

_____ 我有很好的内部和外部人际关系。

评论：

行动计划

写下在本部分能帮助你成为更好的领导者的三件事。

1.

2.

3.

如果你持续做这三件事情，会有什么改变？

你如何实现这些变化？

15. 团队建设

> 聚在一起是开始，持续在一起是进步，而真正在一起工作则是成功。
>
> ——亨利·福特

■ 什么是"团队建设"

只有通过他人，领导者才能最大化成效。良好协作的团队的产出远比任何一个团队中个体产出的总和多得多。作为领导者需要担任以下重要职责：组织成员、组织策划、辅导培训、认可贡献、处理问题和矛盾、澄清愿景、清晰沟通和无以计数的有效倾听。

参考以下实践建议，提升你的团队建设能力。

■ 如何实践"团队建设"

1. 让团队成员参与到目标设定、问题解决和决策制定中。不仅能带给他们参与感和归属感，而且还能帮助其提高能力，感受到自身价值。

2．确保你的团队随时处于交流状态。这将使全体成员感到自己是团队中的一员，并将帮助他们为应对变化和突发事件做好准备。

3．当出现问题和挑战时，全力支持团队成员。

4．有效地解决冲突是团队团结一致的关键。就事论事地对不同观点进行辩论，是正常的有助团队一致的；团队成员间的个人冲突，则会破坏团队的和睦气氛。

5．领导者建设团队最有效的行为是诚实、职业操守、获取信任。

6．领导者必须首先"自己"有清晰的愿景、使命、目标，进而关注如何持续地沟通与团队沟通你的愿景、使命、目标。

7．维护对不同想法和信息开放的讨论环境，是领导者的根本要求。健康且坦诚的讨论是高效团队的标志，一旦决策制定后，讨论随即终止，每个人都应当全力支持最终决策。

8．最主要的活动和资源共享必须集中在完成团队或组织的首要目标上。

9．领导者要在高层面前捍卫自己的团队，使团队成员看到、感受到并相信领导始终和团队成员站在一起。

10．"自我管理型"团队可以在无领导情况下制定自己的目标、方向和方法。团队成员间共享领导力。根据具体情况在初始阶段的适当教导培训，"自我管理型"团队会是好的团队、高效的团队。

11．一个优秀的团队领导者，应是引导师，而不是老板。

12．一个典型的建设团队包括四个发展阶段：1）形成；2）震荡；3）规范；4）执行。这些步骤将帮助你追踪你的团队演化进程。

13．汤姆·彼得斯（《追求卓越》的作者）形容高效的领导者为"突破障碍者"，他们不遗余力地为团队共进扫清前进的障碍。

14．领导者要给予团队成员反馈：在公共场合给出正面鼓励的反馈，在私下里再给出不足改善的反馈，反馈应对事不对人。

15．预先设定团队的准则。包括团队内部处理矛盾、庆祝成功、组织会议、制定决策、决定时间和资源的优先顺序，这是与高层管理给团队提出绩效目标不同的。

16．强化团队的某个优势，将其变成所有成员的共同优势，可弥补个体成员的劣势。

17．由团队成员共同设计，通过相互交流、相互理解，创造全员接纳的团队目标。

18．不同背景成员组成的团队，要比共同背景成员组成的团队更优。

19．在任何项目的实施过程中，都要诚实地评估团队的有效性和凝聚力。

20．周期性地安排一个"挑战者"（唱反调的人）来表达相反的观点（这是一个特定时刻的角色，不是永久的角色）。

21．作为团队领导，要开放地对待团队反馈及其对个人的建议。

22．调频到团队成员最喜欢的频道"WIIFM"（What's In It For Me，这能给我带来什么好处）。领导者在带领团队时应时刻想到这一点，人们总是对自己的切身利益感兴趣的。

23．私下约谈团队成员应不局限于修正差的表现，积极正向和鼓励性的反馈也是很重要的。

24．应经常感谢和认可团队成员。领导者对成员的关注程度将影响其绩效表现。

25．一个健康的、职业相关的、愉悦的小幽默有可能促使你的团队精神焕发，而讽刺和贬低性的笑话则反之。

26．领导者能否建立与团队成员的有效关系，受以下因素影响：

- 与团队成员的沟通频率
- 对团队成员状态的真切关怀
- 对待团队成员的持续方式

27．一个成功团队具备以下所有特征：

- 有明确的团队目标和任务
- 理解角色和责任
- 所有团队成员承诺并积极参与
- 团队成员间相互倾听
- 人们能用健康的方式对待分歧
- 团队成员彼此尊重
- 气氛融洽风趣
- 团队成员彼此认可和欣赏
- 充分发挥团队各类专才的优势
- 矛盾对事不对人
- 信息全方位自由交流

28．一个团队领导或者成员的主要特征：

- 信任
- 尊重
- 开放
- 合作

- 支持
- 坚持到底
- 鼓励
- 参与
- 无威胁

参考文献

[1] The Wisdom of Teams; J.R. Katzenbach, Harper Business, 1993.

[2] Team of Rivals: The Political Genius of Abraham Lincoln; Doris Kearns Goodwin, Simon & Schuster, 2005.

[3] The One Minute Manager Builds Performance Teams; Ken Blanchard, Don Carew, Eunice Parisi-Carew, Morrow & Company, 1990.（该书中译本书名为《一分钟经理人》）

[4] Making 2+2=5: 22 Action Steps Leaders Take to Boost Productivity; John H. Zenger, Irwin, 1996.

[5] Creating the High Performance Team; Steve Buchholz, Thomas Roth, John Wiley & Sons, 1987.

[6] Team Players and Teamwork: The New Competitive Business Strategy; Glenn Parker, Jossey-Boss, 1990.

[7] The Five Dysfunctions of a Team: A Leadership Fable; Patrick M. Lencioni, Jossey-Bass, 2002.

[8] The New Why Teams Don't Work: What Goes Wrong and How to Make It Right; Harvey Robbins, Michael Finley, Berrett-Koehler

Publishers, 2000.

[9]   The Carrot Principle; Adrian Gostick, Chester Elton, Free Press, 2009. （该书中译本书名为《胡萝卜原则：比薪酬更有效的激励方法》）

[10] The 17 Essential Qualities of a Team Player; John C. Maxwell, Maxwell Motivational Books, 2002.

[11] Strengths-Based Leadership; Tom Rath, Barry Conchie, Gallup Press, 2008.

自我测评

用以下评分标准，自我评价你的下列领导力行为表现并评分。

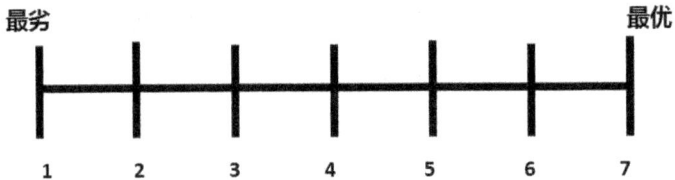

最劣 ——————————————————— 最优

1   2   3   4   5   6   7

_____我营造开放诚实的沟通氛围。

_____我信任我的团队。

_____团队成员间相互信任。

_____我充分利用团队每个成员的优势。

_____我知道并赞扬团队每个成员的努力和成就。

评论：

行动计划

写下在本部分能帮助你成为更好的领导者的三件事。

1.

2.

3.

如果你持续做这三件事情，会有什么改变？

你如何实现这些变化？

16. 时间管理

> 只要还有时间，工作就会不断扩展，直到用完所有的时间。
>
> ——西尔里·诺斯古德·帕金森教授（帕金森定律）

■ 什么是"时间管理"

不论人们的社会地位、教育程度、潜能资质或者天才禀赋如何，每个人一天都只有 24 小时。如何利用这 24 小时，决定着他们生活的根本，他们的成就多少和他们将成为怎样的人。我们很容易消磨了时光却一事无成。学会明智地利用你的时间是一项基本技能。学习时间管理，将获得个人动力和自律。你需要花时间在家庭、维系友情、让自己呼吸、在截止日期前完成领导交派的任务上，或者分配你有限的时间完成生活中各种各样的事情。这当真不容易，分配时间来平衡生活的方方面面是很难的。

参考以下实践建议，提升你的时间管理能力。

■ 如何实践"时间管理"

1. 聚焦高影响力的行为和活动。决定好一周内事情的优先级可以促使你达成自己的主要目标。

2. 最难同时也是最容易学会的：最先做最重要的事。那些不重要的事情会消磨掉你一整天的时间。

3. 你的思维、精力是有限的，所以某一时刻只把精力聚焦在某一个行动或项目上，同一时间处理各种事务将降低你的效率。

4. 识别和选择能给你带来最大收益的部分工作。这些值得花费你最多的时间、精力和资源。将这些部分视为神圣的，否则它们将被其他次要的事情消磨殆尽。

5. 善于捕捉机会。充分利用它们。让每一分钟都有价值。你没有必要成为工作狂，但是在时间有限的时候，要善用时间。防止时间被"偷走"。

6. 不要成为电子邮件或者手机短信的奴隶。留出一定的时间做这些事情就可以了。使用得当，它们会是你得力的助手。使用不当，你将成为它们的奴役。

7. 制定截止日期然后遵循它。只有在确实不得已的情况下才变更。

8. 利用碎片时间（如开车、通勤、飞机上）思考如何让你的团队或者组织更有效地工作，帮助他们提高绩效。

9. 把那些降低你效率的事情一一列出来。关于这些事情你能做些什么？里面有些事情是超出你控制的，但也有些事情可以通过改变自己的行为和习惯，使之处理得更高效。

10. 分析你主持会议的方式。可以缩短时间吗？你是否使用会议议程表？会上提出的工作是否可以在会议以外的时间直接安排个人来完成？询问你的下属，了解他们的想法，来整体提高效率。

11. "门户开放"政策有许多优势，同时每天你需要有"关门时间"来完成你必须做的事情。

12. 帕金森定律指出"只要还有时间，工作就会不断扩展，直到用完所有的时间"。所以，当你为自己或者他人设定截止日期时，要时刻留意帕金森定律揭示的行为方式。

13. 认识到碎片时间的价值。它们可以帮助你完成你的主要活动。想想一天中你所有的"10 分钟"，尤其是在机场、在出租车上或者等别人时。利用好这些时间分解紧急的大事件。实践一段时间后你将发现自己时间管理的巨大进步。

14. 每天制定日计划将为你每天的时间安排提供基本的指导。用80/20 法则界定你的高回报项目和低回报项目。这样，即使你仍将可能遇到打断你计划的事情，也会完成更多的工作，感受到更好地掌控自己的人生。

15. 对待不重要或者非必需的活动时，学会说"不"。你才是决定如何分配你个人时间的人。如果你已有明确定义的目标，那么你判别哪些是重要的，哪些不是重要的，就会容易得多。

16. 记录到期日期。划分优先顺序。可以授权的事情就授权。将战略性优先级与你的日程表结合。非核心活动分配最少的时间。用以下四个类别区分你的活动：关键任务、重要事项、想要做的事情和非核心的事情。

17．整理你的工作区域，这样当你不在时，别人能够方便地找到需要的东西。

18．将"要完成事项"写下并按优先级进行排序，这样你才不会忘记。

19．一次只处理一件事。这个策略也适用于处理邮件。

20．有可能的情况下，让你的下属代表你参会。这将给他们机会成长。

21．安排你个人的、独享的、自由支配的时间。许多高管每天清晨都给自己留出两个小时这样的时间。

22．每天下班前，为第二天工作制定简要计划。

23．恪守承诺直到事情完成（这将给你一个非常正面的形象，人们认为你是一个可靠的人）。

24．准时。出席会议准时。当你主持会议时，准时开场。

25．检查在你每周的实际时间分配情况，分析并从中学习。

26．在你最方便电话的时间，回复你错过的电话。同时，当简短信息即可表达清楚则发短信。

27．保持平衡"工作/生活"的敏感性。

28．不要承担别人应该完成的任务或者责任，而往往我们做了这样的事情而没有察觉到。

29．如果你总是花费过多时间在找东西上，那么你就需要彻底更新下你的"系统"了。

30．问问你自己："每天我是否给下属留出了时间？"（他们同意吗？）对其他人的时间也要问同样的问题。

31. 每个新的一天，你知道这天最重要的任务是什么。

32. 互联网或者其他电子设备是否过多地占用了你的时间？如果是，重新思考使用它们的方法，让你的时间使用更有效。

33. 如果你经常旅行，准备好一套重复物品以节约你的时间，如电源充电器、电源线及化妆品等。

34. 明确你不是仅仅被你喜欢什么和不喜欢什么所引导来分配你的时间。

35. 识别你每天哪个时间段是工作最高效的，把关键任务安排在这个时间段完成。

36. 甄别并分析什么时候你拖延，以及为什么拖延。

37. 向同事和家庭成员询问改进时间管理的建议。

参考文献

[1] The Procrastinator's Handbook: Mastering the Art of Doing It Now; Rita Emmett, Walker & Company, 2000. （该书中译本书名为《不让压力控制生活》）

[2] The 25 Best Time Management Tools and Techniques: How to Get More Done Without Driving Yourself Crazy; Pamela Dodd, Doug Sundheim, Peak Performance Press, 2005.

[3] Time Management from the Inside Out: The Foolproof System for Taking Control of Your Schedule—and Your Life; Julie Morgenstern, Holt Paperbacks, 2004.

[4] How to Run a Successful Meeting in Half the Time; by Milo Frank, Simon & Schuster, 1990. （该书中译本书名为《如何在30秒内说出关键点》）

[5] Right on Time!: The Complete Guide for Time-pressured Managers; Lester R.Bittel, McGraw-Hill, 1991.

[6] Getting Things Done: The Art of Stress-Free Productivity; David Allen, Viking Penguin, 2001.

[7] The First 90 Days: Critical Success Strategies for New Leaders at All Levels; Michael Watkins, Harvard Business School Press, 2003. （该书中译本书名为《成败90天：新任公共部门领导的关键成功策略》）

自我测评

用以下评分标准，自我评价你的下列领导力行为表现并评分。

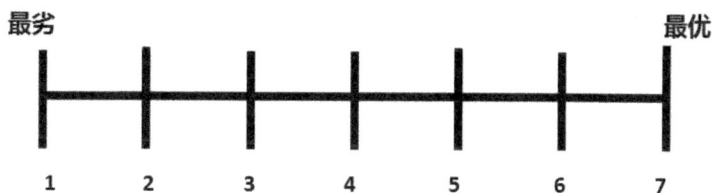

最劣   最优

1   2   3   4   5   6   7

_____我经常对每天的工作和责任进行优先级排序。

_____我有效地制定短期和长期目标，并且信守承诺。

_____我知道如何识别并停止非核心行动。

_____我清晰地授权他人。

_____我管理我的日程，而不是我的日程管理我。

_____我知道对什么事情说"不"。

_____我在会议前做好准备工作。

_____我使用电子设备让我的时间管理得更有效。

评论：

行动计划

写下在本部分能帮助你成为更好的领导者的三件事。

1.

2.

3.

如果你持续做这三件事情，会有什么改变？

你如何实现这些变化？

17. 尊重他人

> 亲切的语言，可能非常简短而且容易说出，同时它们的回声是无穷尽的。
>
> ——特蕾莎修女

■ 什么是"尊重他人"

每个人与生俱来都希望自己被看作"与众不同"的，每个人都有被尊重的需要，每个人都希望凭借自己改变身边世界。通过学习具体可行的方法，你可以做很多事情来点燃他们渴望自我实现的积极热情，影响他们的一生。

参考以下实践建议，提升你尊重他人的能力。

■ 如何实践"尊重他人"

1. 大声地说出他人未被认可或发现的价值和贡献。鼓励所有人分享他们的想法和建议。让每个人的声音被听到。让每个人知道，他们的意见被记录并纳入考虑中。

2．郑重地提供有价值的建议，让他人知道，建议中的自我成长点
是什么，改善方式是什么，怎么做。

3．时时关注与个人成长相关的学习内容或课程，并分享给他人。

4．问问自己：过往的这一个星期，有没有我应该要感谢或联系的
人而我还没感谢和联系的？

5．常常表达你对他人的信任。

6．庆贺大家的胜利（不用花钱的）。有很多不需要花钱的简易庆祝
方式。

7．尊重他人，不贬低他人。

8．不要打断他人的讲话，或者帮其他人把话说完。

9．决策前，询问他其他人的意见。

10．向他人提问时，表达你诚恳的、发自内心的对他人的兴趣，建
立你与他人之间的亲切感。例如问：他住在哪里？他在这里工
作多久了？他最喜欢的假期是什么样的？工作以外他最喜欢
的放松方式是什么？等等。

11．到他的办公桌旁去了解他、认识他，留意他放在桌上的个人照
片或纪念品，以他的照片或纪念品来开始你们之间的聊天。

12．尊重他人的时间。

13．留意自己的言行举止，不要因自己无心的言语、表情、动作等，
让别人误解你认为他做得不好，或他不合格，或他很笨等。

14．同理心与理解。

15．公平合理。

16. 当你对待所有人的方式持续一致时，别人就不会觉得被不公平地对待，如特意的关注，或者你针对他。

17. 正式或非正式地指导他人。帮助他人梳理事情脉络，寻找可行的机会，明确成长及获得认可的步骤等。

18. 更多地学习那些能够帮助你建立和加强表达你真实感受的方法，学习并熟练地运用这些方法，使之成为你的工具。

19. 在做决策之前，考虑决策可能给他人带来的不经意的影响，从他人的角度看看决策是如何影响到他们的。是否考虑过决策可能对他人无意间造成伤害？

20. 记住你刚进入组织时的感受。这会提醒你其他人现在的感受。当你做决定时，考虑他们的感受、担忧及态度。

21. 没有什么比让他人参与沟通的过程更重要的。当他们没有参与到沟通的过程时，会感觉不被尊重，被忽略，自己无关紧要。

22. 用各种方法让他们知道发生了什么事情。让他们知道当前的计划、方向、决定以及担忧。充分利用公司的内部新闻报道、出版物、公告栏、正式通知、邮件等。这样，他们就会觉得自己有价值。他们就会有主人翁意识。因而会有更强的认同感而更努力地工作。

23. 熟悉各种各样的性格测试（如 MBTI），让你更加理解并学会欣赏和你一起工作的各种不同性格的人，以及自己性格类型与他们的关系。

24. 留意不要对他人有假定或认为都是一样的。这通常是不公平、不厚道的。他们也会觉得你浅薄和目光短浅。人们有权利通过他们的优点、努力和成就来证明自己。这也反映了他们的价值观。

25．重视他人在工作以外的付出。认可他们在公民义务、艺术、戏剧、音乐、体育、宗教、教育、青少年团体，以及慈善工作中的投入。了解他们参与了什么，感谢他们在志愿工作中付出的时间和展现的才华。

26．知道每个人都是基于自我认知的最大利益而做事的。

27．公众赞扬你的团队或关键人员的表现。当赞扬时，要具体说出哪里好，为什么他们做得好。

28．有意愿帮助他人而不是帮助自己。想办法让他们变得更好。随之而来的，他们会给你更多的承诺。

29．养成称赞他人的习惯。真诚地、发自真心地指明他们什么做得好。

30．用手写小纸条的方式，来详细表达你的感谢，让人看到你的"额外努力"，使用小纸条的方式比邮件更好。

31．将表扬优秀团队和优秀个人绩效作为日常绩效反馈的一部分。教导主管们意识到尊重他人的重要性。

32．让别人知道你关心他的最简单的方式是记住他的名字。了解他们喜欢被怎样称呼并这么称呼他们（外号、用姓名首字母、缩写等）。发邮件时，正确拼写他人名字。

33．当你不关注是谁得到成功的结果时，你会惊讶于团队每个成员投入的程度和成果的提升。共享成功的结果。

34．当他人需要你时，尽一切可能满足他们。

35．设计正式的、被广泛关注的奖励项目。颁奖时具体说明获奖原因。

36．当给予反馈时，要明确、及时、真诚。

37．当给予他人行为反馈时，有可能被他人看作负面反馈。如果是负面的反馈，把人和行为区分开，聚焦如何改善并强化他的行为。

■ 参考文献

[1] 1001 Ways to Reward Employees; Bob Nelson, Workman Publishing, 1994. （该书中译本书名为《1001 种零成本奖励员工的方法》）

[2] Encouraging the Heart: A Leader's Guide to Rewarding and Recognizing Others; James M. Kouzes, Barry Posner, Jossey-Bass, 1999. （该书中译本书名为《激励人心：提升领导力的必要途径》）

[3] The Human Value of the Enterprise: Valuing People as Assets: Monitoring, Measuring, Managing; Andrew Mayo, Nicholas Brealey Publishing, 2001.

[4] The Human Equation: Building Profits by Putting People First; Jeffrey Pfeffer, Harvard Business School Press, 1998.

[5] Quest for Balance: The Human Element in Performance Management Systems; André A. de Waal, John Wiley & Sons, 2002.

[6] Love and Profit: The Art of Caring Leadership; James A. Autry, Harper Paperbacks, 1992.

[7] The Carrot Principle; Adrian Gostick, Chester Elton, Free Press, 2009.

（该书中译本书名为《胡萝卜原则：比薪酬更有效的激励方法》）

[8]　Common Sense Management: Quick Wisdom for Good Managers; Roger Fulton, Ten Speed Press, 2009.

自我测评

用以下评分标准，自我评价你的下列领导力行为表现并评分。

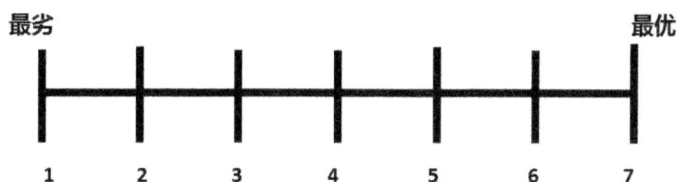

最劣　　　　　　　　　　　　　　　　　　　　**最优**

```
  1     2     3     4     5     6     7
```

_____我与他人共享成功的果实。

_____我提供清晰的、明确的、可行的反馈建议。

_____我尝试 4：1 的反馈模式（4 个积极正面的反馈与 1 个改善建议）。

_____团队需要时我随时提供支持。

_____我倾听团队的担忧和希望。

_____我扫除障碍让我的团队成功。

_____我不会通过讽刺、羞辱、闲话贬低他人。

评论：

行动计划

写下在本部分能帮助你成为更好的领导者的三件事。

1.

2.

3.

如果你持续做这三件事情，会有什么改变？

你如何实现这些变化？

18. 变革管理

> 能够生存下来的物种，既不是最强大的，也不是最聪明的，而是最能适应环境变化的。
>
> ——查尔斯·达尔文

■ 什么是"变革管理"

唯一的不变，就是变化。企业无法适应外界环境的变化，就无法生存。与此同时，大多数的员工抗拒改变：抗拒使用新技术，抗拒响应新兴的市场客户需求，抗拒发展新的商业机会，抗拒认知关注员工态度与需求的重要性。作为领导者，你的商业使命是理解变革的本质，学会如何沟通变革，了解变革有哪些阻碍因素，明确你在推动变革工作中扮演的重要角色。你需要成为变革的拥护者，在商业环境中寻找所有可能推动变革的机遇。

参考以下实践建议，提升你的变革管理能力。

如何实践 "变革管理"

目标与计划

1. 无论什么类型的变革，总是将受到变革影响的元素考虑到设计之中。

2. 启动变革之前，确保所有人清晰知道变革的目的和最终的目标。

3. 保持对组织以外变化的敏感度，并从这些变化中进行学习：你在做的事情是不是也有其他人有类似的经历？其他人成功了还是失败了？其他人成功或失败的原因是什么？我能从其他人的经历中学到什么？

4. 分析自己正在推动的各项变革，问问自己：这个变革是大趋势所致，还是突如其来的？这个变革是否紧迫？为什么？这些问题的答案将帮助你找到推动变革的沟通方式。

5. 对比你主导的项目和你参与的项目，有什么不同？哪方面你做得好？哪方面有待改善？你能从中学习到什么？

6. 所有变革都不会是完美的，有其优势与不足。要不断提醒自己变革的初衷，在变革的过程中发现盲点与不足。

7. 认知现状，明确目标。现状与目标间的差距，决定了你启动变革的目标和策略。

8. 分析并明确变革所需的资源（人力、技术、资金、时间等的投入）。

9. 变革带来的短期变化和长期变化会是什么？

10. 能够用 2~3 句话表述你的商业模式；对不同的利益相关者，采用不同的 2~3 句话阐释你的商业模式。

11．形成书面的变革计划，并持续沟通，推动变革。

12．在每个环节精密测试并改进，是检验、优化变革方案的高效方法。

拥护者与利益相关者

13．组织变革的拥护者形成联盟。谨慎地分析变革有可能遇到的阻碍。探索为什么和是什么导致这些阻碍。分析这些因素，设计出应对方案，消除阻碍。

14．分析哪些是已有优势，如何充分利用优势推动变革；分析哪些是劣势，增加在这方面有资源的合作伙伴弥补不足。

15．分析过往自己抗拒改变的原因，其他人也可能因为同样的原因拒绝改变。

16．成功推动变革的关键是，给客户和员工都带来直接收益。损害或忽视其中任一方收益，往往导致变革的最终失败。

17．在变革进行前、进行中和完成后，持续询问员工和客户他们对变革的看法和意见。

18．永远不要低估或高估计你实现变革的能力。

19．确保变革团队的成员绝对清晰地知道变革的目标、职责、工作任务以及时间进度表。

20．确保变革有来自高层的强有力支持。

21．在大多数情况下，我们必须考虑政治因素对变革带来的影响并应对之。

22．你必须非常确信你期望变革的是什么，要达到什么目的，不断地问自己这两个问题，直至你坚信需要变革，这时候你才有推动变革的足够动力。

23. 甄别、开发、维系战略合作伙伴关系。

24. 主动询问你的导师或你信任的同事获取他们对变革最真实的反馈意见。

25. 通过推广活动、游说、研讨、交流、协商、协作等来推动变革的持续进行。

26. 获得受变革影响的人的支持，是变革成功的关键因素之一。

27. 考虑文化因素对变革的影响。

28. 说服他人同意一项新政策、新流程等最简单高效能的方法是，告诉他们改变带来的收益是什么。

实施

29. 你如何应对变革过程中的冲击，并持续推动变革？

30. 仔细思考并设计从现实情况到变革完成的转变方案。

31. 一旦变革启动，发现并表彰变革带来的进步，即使细微的进步。与此同时，组织小型研讨会聆听因变革引起的担忧、障碍，以及受挫等负面情绪。

32. 发展你的变革"信徒"——既有能力又有意愿改变的人。

33. 将变革的进程需求与公司人力资源系统进行对照，如果要实现变革，是否首先需要对人力资源系统进行变革？

34. 时刻提醒自己，变革需要投入的资源往往比你想象的要多很多。

35. 指派负责任的人或团队来推动变革的执行。

36. 确保带领变革的人具备变革所需的时间和权利来完成变革。

37. 明确变革项目的目标（成功标准），并定期向高层汇报目标的完成进度。

38. 通过调研问卷、焦点小组访谈等方式，以获取变革成功的原因或受阻的各种因素。

▇ 参考文献

[1] Leading Change; John P. Kotter, Harvard Business School Press, 1996.（该书中译本书名为《领导变革》）

[2] First, Break All the Rules: What the World's Greatest Managers Do Differently; Marcus Buckingham, Curt Coffman, Simon & Schuster, 1999.（该书中译本书名为《首先，打破一切常规》）

[3] Only the Paranoid Survive: How to Exploit the Crisis Points that Challenge Every Company and Career; Spencer Johnson, Putnam, 1998.（该书中译本书名为《只有偏执狂才能生存》）

[4] Rules for Revolutionaries; Guy Kawasaki, Harper Business, 1999.

[5] Who Moved My Cheese？: An Amazing Way to Deal with Change in Your Work and in Your Life; Spencer Johnson, Putnam, 1998.（该书中译本书名为《谁动了我的奶酪》）

[6] The Change Masters; Rosabeth Moss Kanter, Simon & Schuster, 1983.（该书中译本书名为《公司的王道》）

[7] Our Iceberg Is Melting: Changing and Succeeding Under Any Conditions; John Kotter, St. Martin's Press, 2006.（该书中译本书名为《冰山在融化》）

[8] Influencer: The Power to Change Anything; Kerry Patterson, Joseph

Grenny, David Maxfield, McGraw Hill, 2008.（该书中译本书名为《影响力大师》）

[9] Managing Transition: Making the Most of Change; 2nd Ed., William Bridges, Perseus Books, 2003.

[10] Champions of Change: How CEOs and their Companies are Mastering the Skills of Radical Change; David Nadler, Jossey Boss, 1998.

[11] The Change Masters: Innovation for Productivity in the American Corporation; Rosabeth Moss Kanter, Simon & Schuster, 1983.

[12] The First 90 Days: Critical Success Strategies for New Leaders at All Levels; Michael Watkins, Harvard Business School Press, 2003.（该书中译本书名为《成败 90 天：新任公共部门领导的关键成功策略》）

[13] The Heart of Change; John P. Kotter, Dan Cohen, Harvard Business School Press, 2002.（该书中译本书名为《变革之心》）

[14] Deep Change: Discovering the Leader Within; Robert E. Quinn, John Wiley & Sons, 1996.

[15] The Art and Practice of Leadership Coaching; Howard Morgan, Phil Hawkins, Marshall Goldsmith, John Wiley & Sons, 2005.

自我测评

用以下评分标准，自我评价你的下列领导力行为表现并评分。

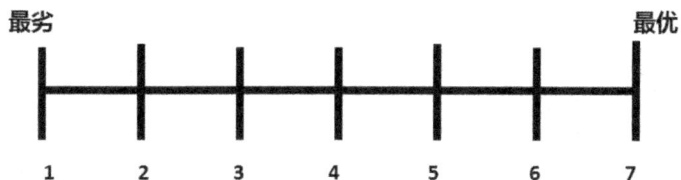

最劣　　　　　　　　　　　　　　　　　　最优

```
  1      2      3      4      5      6      7
```

_____我明确地支持和拥护变革。

_____我清晰地与各利益相关方沟通并推进商业变革。

_____我使用我的权利帮助员工扫除影响他们进度和成果的

　　　　　　障碍。

_____我在组织中被看作可信赖的。

_____我建立联盟保证变革持续推进。

_____我将受变革影响的人纳入变革过程中。

评论：

行动计划

写下在本部分能帮助你成为更好的领导者的三件事。

1.

2.

3.

如果你持续做这三件事情，会有什么改变？

你如何实现这些变化？

19. 创新

> 没有什么比当你说不可能，别人做到了更尴尬的事情了。
>
> ——山姆·尤因

■▌ 什么是"创新"

领导者的挑战之一是培养和建立具有创造力和创新精神的文化。具有创新精神的特征是你的团队不断地产生新的想法并与你分享。要做到这点需要归属感、主人翁意识，以及你和团队之间的相互信任关系。只有这样，你的团队才会有意愿做得比现在更多，持续地成长并推进业务的各个方面。好点子往往来自你意想不到的地方。鼓励你和团队随性地、直觉地提出他们的想法，一方面可以营造轻松的工作环境，另一方面可以营造认可创新的积极氛围，给团队带来不同。商业环境的快速变化，要求我们不断地创新。

参考以下实践建议，提升你的创新能力。

如何实践"创新"

1. 跳出框框，通过以下方法进行思考，会给你带来新的想法：

   ● 对不同的观点进行辩论，分析检验当中的可行性。

   ● 改变你的前提假定。

   ● 改变你的已有观念。

   ● 以"无知"的方式去看待你"已知"的事情。

   ● 想象当你的观点变成现实，会带来什么变化？

   ● 把失败当作成功来看，会看到什么？

   ● 想象如果没有任何风险，实施后会有什么结果？

2. 小心你的措辞，小心这些创新"杀手"：

   ● "我们向来都是这样做的。"

   ● "我没有想过。"

   ● "领导不会喜欢的。"

   ● "我们没有足够资源。"

   ● "我们以前试过了，没有用。"

   ● "不会有用的。"

   ● "这样做不可能。"

   ● "你是不是脑子进水了？"

3. 尝试分析发现不相关事物间的相关性。越能发现事物间的关联性，越能获得有价值的洞见。

4. 避免草率地对一个观点做出判断。

5. 把你的想法和与你有不同观点的人来分享探讨。他们可能会给你一个全新的、客观的、你意想不到的视角。

6．看看组织以外是否有类似事件或机遇，从他人的事件或机遇中，学习他们的经验、方式，以及看到局限性。

7．用"为何不"替代"为什么"。

8．分析你评判的标准是什么，有可能你的标准过于局限或狭义。

9．团队的创意远比个人的创意大，尤其在团队成员相互之间信任、放松的状态下。乐趣及笑声是释放团队创意的最好方法。团队头脑风暴产出的大量创意当中，必然会有两三个是价值百万的金点子。

10．主动阅读你平常不会涉及的领域的资讯、期刊、线上资源、书籍，会给你带来新的观点。

11．通过"如果……会怎么样"的问题，来探索不同的可能。

12．多听音乐，可能会扩宽你的思维广度。

13．每天不同的时间段人们的创意程度是不同的，通常情况下早上比下午更有创意。利用创意的峰值时间。

14．通过绘画或展示的方式来描述问题，往往会比单纯的文字更容易让人理解。使用大白板写下你的想法，随时让所有人看到所有的想法。

15．看待问题的方式会决定你应对问题的方式，也就是你的常规思维方式。调整你的观点和关注点，应对问题的方式也会调整。

16．获取外部的资源来激发对主题的更多创意，如大学教授、行业领袖、贸易展会、大型行业年会、论坛、出版物、退休的行业精英等。

17. 避免重复"创新"。了解现有已完成的工作，强化做得好的，改变做得不足的，在已有的基础上再进一步拓展。

18. 你要成为团队打破思维局限跳出框框的榜样。以身作则，在解决问题过程中提出更多的设想及替代方案。

19. 认为自己没有创意，是阻碍和打击创意思维的最大敌人。相信自己，你比想象中的自己有创意多了。

20. 切勿过分自我，要善于聆听他人的反馈及建议。

21. 问问 9 岁的孩子会怎么做。

22. 记住，6 分钟健康的、随意的头脑风暴能创造 48 个点子。再通过 20 分钟严谨的评估，往往就能产出 2～3 个可靠的点子。

23. 整合不同类型问题的解决方法，形成新的解决方案。

■ 参考文献

[1] Corporate Creativity: How Innovations and Improvement Actually Happen; Alan Robinson, Sam Stern, Berrett-Koehler Publishers, 1987.

[2] A Whack on the Side of the Head; Roger von Oech, Warner, 1983.

[3] The Creativity Infusion; R.D. Gamache, Robert Kuhn, Bellinger, 1989.

[4] The Ten Faces of Innovation: IDEO's Strategies for Beating the Devil's Advocate and Driving Creativity Throughout Your Organization; Tom Kelley, Jonathan Littman, Doubleday Publishing, 2005.（该书中译本书名为《IDEO，设计改变一切》）

[5] Innovation: The Five Disciplines for Creating What Customers Want; Curtis R. Carlson, William W. Wilmot, Random House Inc, 2006.

[6] The Innovator's Dilemma: The Revolutionary Book that Will Change the Way You Do Business; Clayton M. Christensen, Collins Business, 2003. （该书中译本书名为《创新者的窘境》）

[7] Talent is Overrated: What Really Separates World-class Performers from Everybody Else; Geoff Colvin, Penguin Books, 2008.

自我测评

用以下评分标准，自我评价你的下列领导力行为表现并评分。

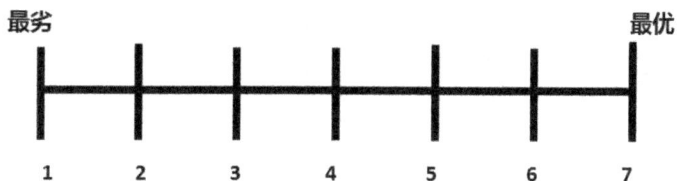

最劣　　　　　　　　　　　　　　　　　最优

1　2　3　4　5　6　7

_____我不会否定新的想法。

_____我欢迎新的想法和建议。

_____我鼓励集思广益同时不加以评论。

_____我愿意承担适度的风险。

_____我跟随行业的趋势不断更新方式方法。

_____我总是不满足于现状，尝试新的方法让事情做得更好。

评论：

行动计划

写下在本部分能帮助你成为更好的领导者的三件事。

1.

2.

3.

如果你持续做这三件事情，会有什么改变？

你如何实现这些变化？

20. 激励承诺

> 要求他人去做你自己不愿意做的事是不公平的。
>
> ——埃莉诺·罗斯福（美国第一夫人）

什么是"激励承诺"

在机器运作之前，我们就可以清楚地知道机器的运作方式。当出现故障时，只要有清晰的操作手册，我们通常都能从中找到故障的原因并加以解决。然而人是与任何机器完全不同类的、复杂的、难于预测的"机器"。我们无法通过手册来读懂人。无法通过更换新部件，或者换保险丝，或者重新安装硬盘的方式，来解决人的"故障"。影响个人态度或绩效的原因会有很多。作为领导者，了解每个下属是你的首要任务：什么是他承诺的，什么是他会敏感的，什么是他会担忧的，什么是他擅长的。领导者必须营造一个让团队充分参与及承诺的氛围。

参考以下实践建议，提升你的激励承诺能力。

■ 如何实践"激励承诺"

1. 当人们知道成果的期望值是什么，他们会表现得更好。因此，要清晰地说明成果的标准，与团队成员进行沟通确认，以及书面记录成果标准的要求，让他们对标准毫无疑问，这是非常重要的。

2. 开放地与下属共同讨论成果期望是什么，鼓励下属提出问题，分享更多的信息，有助于下属认同你的期望并呈现相应的结果。

3. 面对你的领导时，做团队的"喉舌"，为你的团队"伸张正义"：通过他人分享团队的优秀表现和成就，来体现团队水平并支持团队发展。这将清楚地展示你在人们中的威望。

4. 将所有与绩效相关的各种收益、补助、奖励等以书面形式澄清。

5. 永远不让他人做自己不愿意做的事情。

6. 寻找提升下属权威性、责任感以及能力控制范围的方法，帮助他们进步和成长。这将让他们感受到你关心他们并且想要帮助他们成长。

7. 询问你的下属最近他们的情况，有什么你可以帮忙或协助的。

8. 赞扬他们的成果，不断地公开地赞扬他们。

9. 开放地接纳熟悉某领域的人提出的观点和建议。

10. 充分地了解你的同事，知道他们的工作和相关的工作中，哪些是最能给他带来满足感和成就感的工作。

11. 与并肩工作的团队建立友情及团队精神。一个强大的团队，成员间紧密结合，将带来更高的忠诚度、成果及承诺。

12．了解哪些奖励或认可的方式是他们认为最有意义的（不要基于以前的公司的有效做法来考虑当前的情况。每个人的态度在不同的公司氛围下会有各种不同）。

13．确保团队知道，你是支持他们的，维护他们的，会为他们辩护，甚至不惜为他们而战。你的团队需要知道他们可以仰仗你，在上一级领导面前成为他们最坚定的拥护者。一旦你做到这些，将极大地提高团队的意愿度。

14．不是每个人在任何情况下都会快乐。与此同时，总有人在某个时刻发现某样工作或任务是令他非常喜欢的。这些都是正常的。当发生这些情况时，帮助他们在其他组织中找到更合适的工作。这样，双方会更加开心。

15．建立信念：每个人的工作和职责都是重要的。避免偏好。团队中的每个人对整体而言都是至关重要的。

16．如果你让下属做你曾经做过的事情，留意你是否过于密切关注他们是怎么做的，如果是，他们很自然地会认为你不相信他们的能力。同时，极有可能他完成事情所用的方式和你的不一样，只要最终的结果达到预期标准，就是适合的。

17．保持对待每个人的方式：公平。大家一定会看到你对某些人的偏爱和挑剔。

18．极力营造高绩效的文化氛围。员工态度往往是受工作环境所影响的。

19．真诚地、积极地聆听下属的声音，比任何其他行为都更能获得他们的投入意愿度。

20．尽可能地和大家分享决策背后的"为什么"。当他们知道为什么的时候，会更好地理解我们要做什么的缘由。

21．庆祝胜利。

22．让每个人做自己的事，不要事必躬亲。

23．讲清楚"是什么"（目的），留下"怎么做"（方法）给你的下属，会让下属更有主人翁意识。

24．确保你的每个动作都表达了你对团队绝对的支持。

25．当人们感受到你总是把他的利益放在心上时，他们更愿意回应你的任何请求。

26．以吸引别人而不是自己的方式表述你的请求。

27．创立愿景并清晰地告知你的团队，让团队聚焦愿景。能够通过简单的几句话告诉大家愿景是什么。持续地分享和描绘同一愿景，这将帮助团队的行动与愿景保持一致。

28．从他人关注的角度来给予认可和奖励：什么是他认为最重要的？

■ 参考文献

[1] 1001 Ways to Energize Employees; Bob Nelson, Workman, 1997. （该书中译本书名为《1001 种零成本奖励员工的方法》）

[2] The Disney Way: Harnessing the Management Secrets of Disney in Your Company; Bill Capodagli, Lynn Jackson, McGraw-Hill, 1999. （该书中译本书名为《迪士尼的魔法：迪士尼 4 大制胜秘诀》）

[3] GUNG HO: Turn On the People in Any Organization; Ken Blanchard,

Sheldon Bowles, Morrow & Company, 1998.（该书中译本书名为《共好：一种激活组织激情和能力的革命性方法》）

[4] Real Change Leaders: How You Can Create Growth and High Performance at Your Company; Jon R. Katzenbach, Times Business（Random House）, 1997.

[5] Who: The A Method For Hiring; Geoff Smart, Randy Street, Ballantine Books, 2008.（该书中译本书名为《聘谁》）

[6] Good to Great: Why Some Companies Make the Leap . . . and Others Don't; Jim Collins, Collins Business, 2001.（该书中译本书名为《从优秀到卓越》）

[7] Master Motivator: Secrets of Inspiring Leadership; Mark Victor Hansen, Joe Batten, Jim Rohn, Fall River Press, 2005.

[8] Learned Optimism: How to Change Your Mind and Your Life; Martin E.P. Seligman, First Vintage Books, 2006.（该书中译本书名为《活出最乐观的自己》）

[9] The Carrot Principle; Adrian Gostick, Chester Elton, Free Press, 2009.（该书中译本书名为《胡萝卜原则：比薪酬更有效的激励方法》）

[10] Strengths-Based Leadership; Tom Rath, Barry Conchie, Gallup Press, 2008.

[11] Common Sense Management: Quick Wisdom for Good Managers; Roger Fulton, Ten Speed Press, 2009.

LEAD NOW!

自我测评

用以下评分标准，自我评价你的下列领导力行为表现并评分。

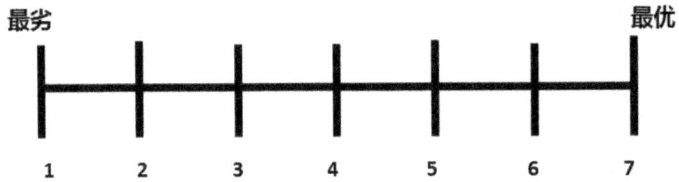

最劣 　　　　　　　　　　　　　　　　　　最优

1　　2　　3　　4　　5　　6　　7

_____我赞扬每个人的优势。

_____我支持并保护我的团队成员。

_____我分享决策或要求背后的"为什么"。

_____我认可并赞扬其他人的付出及成果。

_____我可以清晰地描述有意义的愿景。

评论：

行动计划

写下在本部分能帮助你成为更好的领导者的三件事。

1.

2.

3.

如果你持续做这三件事情，会有什么改变？

你如何实现这些变化？

21. 组织智慧

> 组织智慧是"把事情做好"所必需的信息，包括组织的内部知识、体制、文化以及子系统等。
>
> ——佚名

■ 什么是"组织智慧"

组织智慧，也就是组织敏捷度，是知道如何在有限资源内把事情做好的能力。要做到这一点，你必须知道组织或部门中极为重要的几个方面：首先谁是你的关键人——股东（利益相关者）及推动者。你知道要找什么人，谁可以做什么，谁是有意愿的，谁认识谁，谁有权限，谁可以使之发生，谁知道过往的情况，谁知道潜规则，谁能打破僵局，谁知道应对政策的方法，谁会买你的人情，谁喜欢挑战等。这些关系是把事情做好的关键点。这要求你拥有正式和非正式的渠道获得信息，知道初始设想背后的"政策、经验和流程"，以及能够理解过去、现在和未来的企业文化。

参考以下实践建议，提升你的组织智慧。

▪ 如何实践"组织智慧"

1. 可以通过一个简便的经验法则 SEEK，提升组织智慧：

   - Support（支持），谁可以提供资源给你。

   - Equipment（资源），你需要什么资源，如何获得这些资源。

   - Experience（经验），谁知道谁是合适的人，知道如何调动这些合适的人。

   - Knowledge（知识），谁知道事情真实的情况，知道如何把事情做好。

2. 了解老板及其他同事对自己的看法，并相应地调适自己的行为。

3. 当你预计到你提交给关键人的计划会被反驳时，在提交之前，思考如何将计划营销给部分关键人以减少阻碍（游说策略）。知道"非正式组织"的结构，你需要知道谁是有"真正"权利的人。

4. 了解组织架构，知道各职能的权限和职能间交叉的权限是什么。

5. 知道内部的"同盟关系"以及关键人之间非正式的密切关系，善用之。

6. 建立组织内与专家的关系网，与所有了解业务情况、公司、产品、服务、客户、市场的人建立个人关系，尤其是影响你势力范围与利益的人，以及愿意帮助你和支持你的人。定期通过午餐或简短交流的方式，与上述人交流了解他们的观点和想法。了解并认识这些专家，让这些专家了解认识你。

7. 对正式或非正式的关键人有足够的认知，他们的个性、原则、习惯、态度、过往历史、关注点等。

8. 关注内、外部，你最大竞争者是谁以及他做事的方法。

9. 了解工作之外不同人间是否有私交，他们的交情如何。

10. 当公司发生重大的事件时，了解是怎么发生的，是谁推动发生的，为什么能够实现，是否有什么特殊的或不正常的事件同时出现了。

11. 了解组织过往主要的客户与供应商的名字、面孔，以及过往合作的历史。

12. 留意小道消息，这也是你信息的来源之一。

13. 知道头衔并不总是对等他的实力，分析头衔与实力间的差异。善于发现有"催化"作用的人以及有行动力的人。

14. 当你需要高层支持时，分析关键决策者的性格和态度，设计相应的团队策略。研究他们对不同事件的立场（支持、反对或中立），来帮助你确保计划的成功。

15. 持续地做好工作，并"自然"地让关键决策者看到成果。

16. 拓展组织以外的良好人际交往关系。

17. 了解组织过往的主要历史事件，当中哪些关键事件对团队有影响的：哪些是有作用的？哪些是无效的？为什么？

18. 通过整理分析大数据，发现关键信息。

19. 通过个人信誉的建立，影响你没有权利的领域。

20. 让自己始终处于行业趋势及最佳实践方法之中。

21. 认知正式组织和非正式组织的差异。

22．甄别意见领袖及组织中擅长人际交往的人。

23．保持前瞻性思考。

24．从不同的高度，关注工作环境中发生的事情（从 35 000 英尺和 5 000 英尺的角度看问题是不同的）。

参考文献

[1] The Balancing Act: Mastering the Competitive Demands of Leadership; Kerry Patterson, Joseph Grenny, Ron McMillan, Al Switzler, Thomson Executive Press, 1996.

[2] The Greatest Management Principle in the World: The Success Secret for Anyone Who Works for a Living; Michael LeBoeuf, Putnam, 1985.

[3] What They Don't Teach You at the Harvard Business School: Notes From a Street-Smart Executive; Mark H. McCormack, Bantam, 1984.

[4] Influence Without Authority; Allan C. Cohen, D.L. Bradford, John Wiley & Sons, 1990.（该书中译本书名为《影响力：如何展示非权力的领导魅力》）

[5] Survival In the Corporate Fishbowl; John P. Fernandez, Lexington, 1987.

[6] Power and Influence: Beyond Formal Authority; John P. Kotter, Free Press, 1986.

[7] Control Your Destiny or Someone Else Will; Noel M. Tichy, Stratford Sherman, HarperCollins Publishers, 2005.

[8] Champions of Change: How CEOs and their Companies are Mastering

the Skills of Radical Change; David Nadler, Jossey-Boss, 1998.

[9] Warren Buffet's Management Secrets: Power Tools for Personal and Business Success; Mary Buffet, David Clark, Simon & Schuster, 2009. （该书中译本书名为《巴菲特超越价值》）

[10] The Rules of Work; Richard Templar, Prentice Hall Business, 2003. （该书中译本书名为《职场的 100 条法则 》）

自我测评

用以下评分标准，自我评价你的下列领导力行为表现并评分。

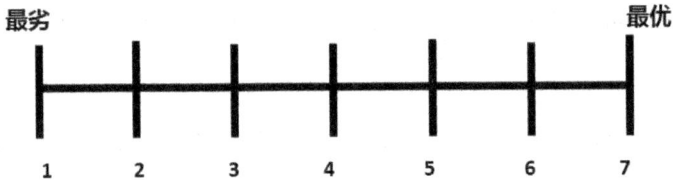

最劣 ├─┼─┼─┼─┼─┼─┤ 最优

1   2   3   4   5   6   7

_____我在组织中有良好的个人信誉。

_____我使用我的权利帮助员工解决问题，尤其是那些影响员工工作进度和绩效的问题。

_____我帮助员工看清 "大局"，让他们知道职责和成果是如何影响大局的。

_____我有良好的内部人际关系。

_____我有良好的外部人际关系。

_____我始终关注非正式组织架构、实际的推动者及利益相关人。

评论：

行动计划

写下在本部分能帮助你成为更好的领导者的三件事。

1.

2.

3.

如果你持续做这三件事情，会有什么改变？

你如何实现这些变化？

第 3 部分

本部分包含自我测评、领导力训练、反思问题，以及行动计划，帮助你从有改变的意愿到实现可衡量的改进。

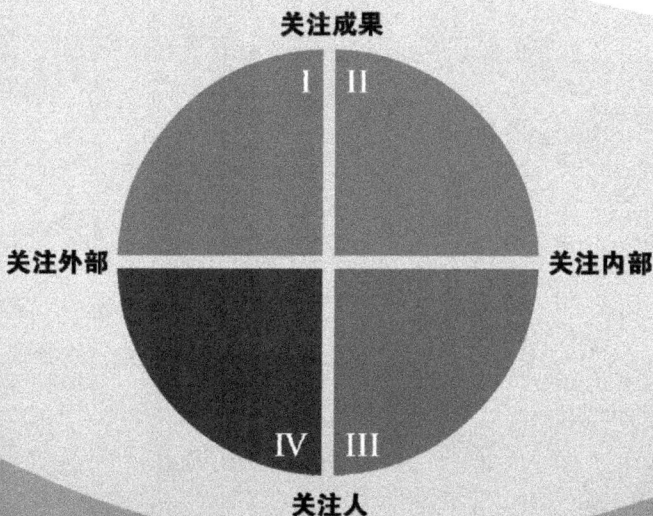

关注成果

I II

关注外部 关注内部

IV III

关注人

第 **4** 章

自我测评

本章共有三个测评：

1．LEAD NOW! 模型自我测评。

2．LEAD NOW! 21 项领导力行为习惯测评。

3．理想领导者最期望获得的领导力行为。

1．LEAD NOW! 模型自我测评

自我测评

思考个人四象限领导力模型的领导行为习惯现状。用以下评分标准评价自己在各个象限的能力。

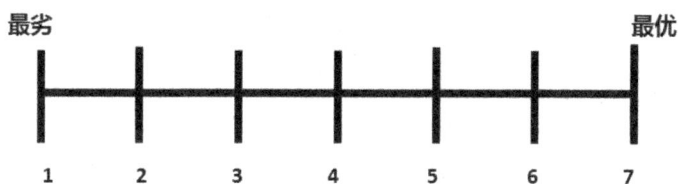

LEAD NOW! 模型

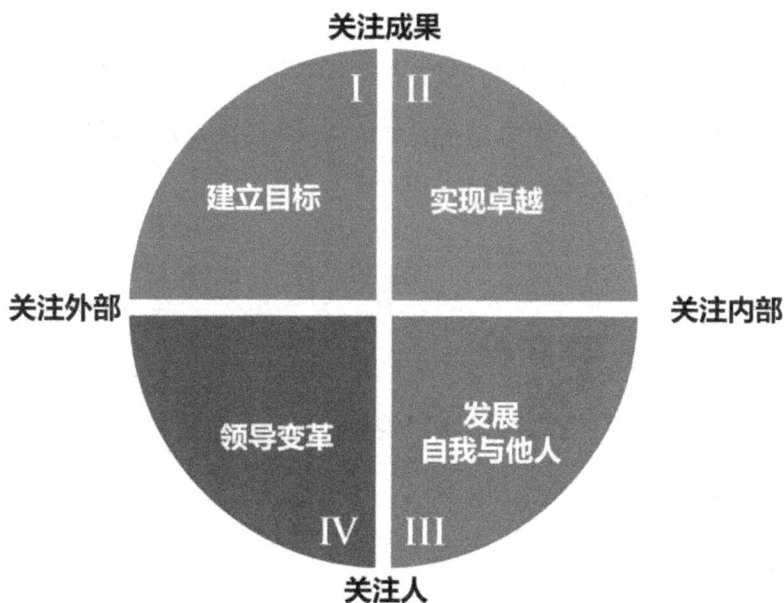

第一象限：建立目标

（关注外部的商业成果）

领导者的职责是定义团队的愿景和战略，建立坚定不移的目标。这需要明确组织存在的目的，清晰知道接下来要做什么，如何实现其市场定位，充分了解客户，分析行业趋势，制定战略，以及有效地与他人沟通。

第二象限：实现卓越

（关注内部的商业成果）

领导者的职责是实现卓越的组织运营——将战略转化为日复一日的工作。这需要，清晰地制定决策，建立持续的可衡量的流程工作流程，持续改进，以及正直的行为。

第三象限：发展自我与他人

（关注内部的人）

领导者必须重视学习对自己及他人的价值。这需要，不断发现个人成长的机会，建立并管理多元化的团队，培养技术专家，管理个人时间，教练并培养他人，以及自我管理。

第四象限：领导变革

（关注外部的人）

领导者的职责是创造并拥护有利于组织的变革尝试。这需要，影响关键决策人，支持变革项目，授权相关人员，鼓励创新，对抗阻碍，让变革持之以恒。

2. LEAD NOW! 21 项领导力行为习惯测评

■ 自我测评

从 LEAD NOW! 领导力发展模型的 21 项行为习惯测评当前你的领导力水平，根据你的理解按以下的评分标准为你各项能力进行评分。

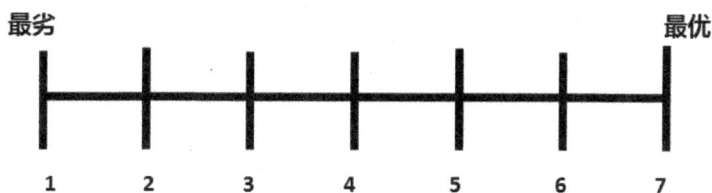

最劣　　　　　　　　　　　　　　　　　　　　最优

1　　2　　3　　4　　5　　6　　7

评论：

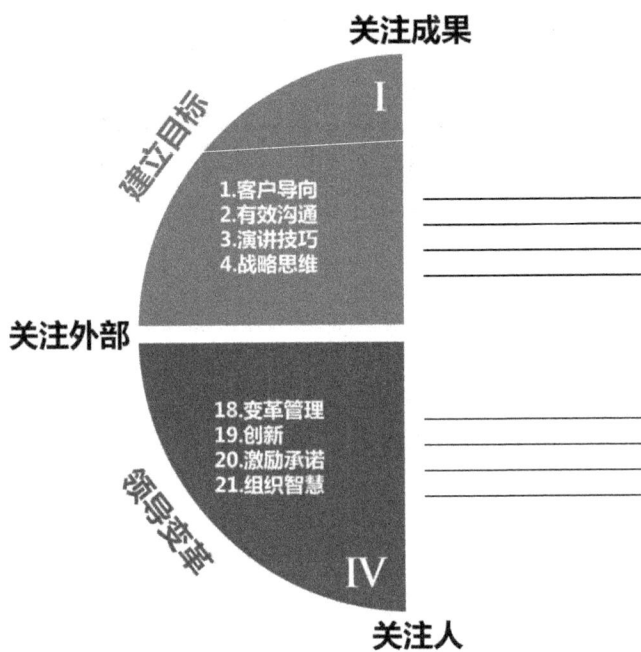

关注成果

建立目标

I

1.客户导向
2.有效沟通
3.演讲技巧
4.战略思维

关注外部

18.变革管理
19.创新
20.激励承诺
21.组织智慧

领导变革

IV

关注人

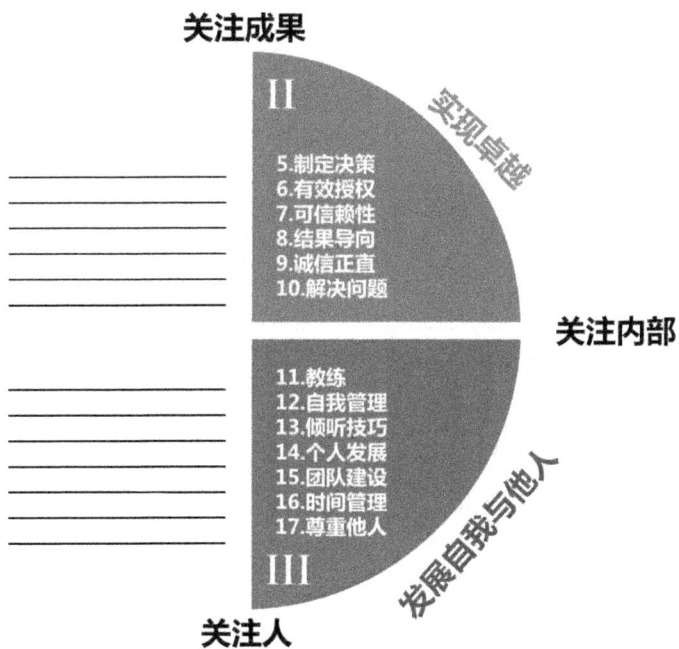

你得到了什么结论？哪个能力是你擅长的？你评价最高的能力，你
要充分利用；你评价最低的能力，你需要改善。

3.　理想领导者最期望获得的领导力行为

通过对我们管理的 500 强企业、政府机关职能机构等其中的总裁、总监、经理等共超过 8 000 位测试者，参与我们的 360 度领导力测评的统计数据分析，得出以下领导者最期望获得的最重要的十项行为。每一位参与者根据各自对"理想领导者"理解（他们期待为之效力的），通过评分的方式在 78 项领导力行为进行评价。

以下是总裁、总监、经理等测试者认为理想领导者需要做到的十项行为，从得分最高依次排列，第一项是我们最希望获得的：

1．正直地生活、管理、工作。（第二象限）

2．做好每一个行动、承诺、任务。（第二象限）

3．对所做的工作有足够的专业度和经验。（第三象限）

4．公平、公开、专业地对待员工。（第一象限）

5．在组织内拥有信誉。（第四象限）

6．对他人忠诚。（第三象限）

7．尊重他人。（第三象限）

8．致力于解决问题而不是避免问题，或找借口，或指责他人。（第二象限）

9．尽一切可能让表现突出的员工获得赞赏。（第三、四象限）

10．关注客户的需求。（第一象限）

自我测评

考虑这十项最期望获得的领导力行为，你自己表现如何，回答以下问题。

1. 哪些行为你目前做得好？如何充分利用这些优势？

2. 哪些行为你可以改善？

3. 为什么你觉得需要关注这些行为？

4. 你如何优先排序？

第 5 章

领导力训练

本章中有五个领导力训练：

1．个人领导力价值观

2．理想的领导者

3．理想的同事/团队成员

4．理想的直接上级

5．团队章程

1. 个人领导力价值观

在这个练习中，从四个部分，你将会知道作为领导者对你而言最重要的是什么：A）我的风格；B）我的价值观；C）我喜好的；D）我厌恶的。

这个练习将帮助你梳理和优化你对工作的态度，从而变得更加高效。而且，更重要的是，你把这个练习分享给你的下属，将极大地提升与你合作的工作态度。这个练习对于新的领导者或新的团队非常有帮助。

◾ 我的风格

你如何定义你的领导风格？

你如何为团队建立可衡量的目标？

你如何制定决策并执行？

你如何管理你的预算及计划？

你如何指导团队的工作方向并向上汇报？

你如何管理你的工作量和工作环境？

你如何应对错误、成功、新的挑战，并从中学习？

你如何处理并授权团队协作？

◾ 我的价值观

作为个人和领导者，是什么驱动你做出决定和行动的？

你最期望别人看待你的是什么？可能包括诚实、可信、忠诚、宗教信仰、自律、职业道德等。

■ 我喜好的

如果你能够按照自己的喜好对工作的环境进行调整，你会做什么？

每天/周的什么时间你召开会议？

什么时候你阅读并回复邮件？

你喜欢如何与他人沟通（面对面、邮件、电话等）？频率如何？

你期望下属在什么时间段来找你（开放办公时间）？

什么时间你不愿意被打扰？

你喜欢什么样的反馈和教导的方式？

你喜欢什么样的办公室着装？

你理想中工作与生活的平衡状态是怎样的？

你更喜欢直接小组讨论、头脑风暴，还是问题解决方法？

你喜欢如何处理办公室政治？

■ 我厌恶的

什么行为和下意识行动会让你不高兴？

是否在每天某些特定的时间，你的效率很低？

和话多的人一起工作是否难以忍受？

你介意别人迟到吗？

在你还没来得及回复之前，别人一连发了好几封邮件给你，你介意吗？

你介意他人过于死板或拘谨，或者过于随意吗？

当他人阻碍了你的工作进程，你会讨厌吗？

什么样的特定行为会让你受不了？

A．我的风格

B．我的价值观

C．我喜好的

D．我厌恶的

2. 理想的领导者

这个练习帮助你发现哪些老板的技能、行为和特点是你最看重的。

回顾你曾经合作过的所有老板。如果你能够"创造"一个"理想的老板"——你喜欢向他汇报工作的，"理想老板"需要具备什么行为？尽可能详尽地描述。团队中的每个人都回答这个问题后相互对照。

-
-
-
-
-
-
-

3. 理想的同事/团队成员

这个练习帮助你发现你最看重的团队成员或同事的技能、行为和特点。

回顾你曾经合作过的所有同事和团队成员。如果你能够"创造"一个"理想的同事或团队人员"——你喜欢一起工作的,"理想的同事或团队成员"需要具备什么行为? 尽可能详尽地描述。团队中的每个人都回答这个问题后相互对照。

-

-

-

-

-

-

4. 理想的直接上级

这个练习帮助你发现你最看重的直接上级的技能、行为和特点。

回顾你曾经合作过的所有直接上级。如果你能够"创造"一个"直接上级"——你喜欢一起工作的,"直接上级"需要具备什么行为?尽可能详尽地描述。团队中的每个人都回答这个问题后相互对照。

-
-
-
-
-
-
-

5. 团队章程

团队章程帮助团队形成一致的共同目标——什么是团队目标及如何实现。这个练习最好与团队一起完成。这个练习非常适用于新的领导者、新的团队，以及新的项目。团队可以定期参照并检阅这个章程以确保团队团结一致达成愿景。

团队一起参与设定团队章程以形成真正的团队。

我们的团队目标（1～3句话）:

*

*

*

我们最重要的五个利益相关者及客户:

1.

2.

3.

4.

5.

团队的期望成果与收益：

- 成本：

- 质量：

- 速度：

- 服务：

- 数量：

■ 反思问题

哪些领导力维度对你有帮助？

哪些实践建议对你有帮助？

哪些资源可以帮助你成长?

哪些想法和点子可以帮助你成长?

如果你应用这些实践建议与资源，会有什么改变？

第 6 章

行动计划

■ 从"知道"到"做到"

如果从相关的测评和实践建议中找到并形成你的行动计划，是更加意义和效果的。所以，在写下你的行动计划之前，回顾本书各个章节的测评，然后找到你想要改善的是什么。

■ 行动计划

为了帮助你的组织学习和应用 LEAD NOW!，我们提供了行动计划表。

当制定你的行动计划时，首先了解以下信息。

■ 有效的目标描述

设定适合的目标往往是困难的。当你为每个行动计划设定目标描述时，问问自己以下关于描述适当目标的关键问题：

- 目标可行吗（有挑战，但不会过大）？

- 有足够的挑战吗（是否真的可以驱动你进行改变）？

- 有明确的时间约定吗（什么时候达成）？

- 你会与谁分享（承诺是完成目标的关键）？

■ 简单的行动计划

我们提供两个简单的行动计划表格及范例，帮助你设定有效的目标和改进的方面。

◾ 行动计划范例

名字：李萍   **今天日期**：2015.5.15

要改变的行为或做法：团队会议质量

目标描述：2015 年 8 月 15 日之前，提升团队所有成员的参与度，改善跟进方法和效果。

改变原因：团队成员能够同心协力支持决议。

改善后的收益：更好的参与度和团队决策。

关注点	行动内容	需要的支持	时间周期
计划	写下每个人要完成的工作	分配给团队成员（每周一次）	长期
我的行为	在讨论结束之前不发表自己的观点	在即时贴上写下"什么都不说"，贴在电脑旁	整个第三季度
让团队参与	询问每个人"你是怎么想的"	让小李提醒自己以免忘记	每周会议时
后续行动	让大家复述他们的任务是什么	每次会议的最后 5 分钟进行任务回顾	每周会议中

潜在威胁

会议中有太多需要讨论的议程内容

应对方法

减少议程内容，安排进行后续的跟进

LEAD NOW!

◼ 行动计划

名字：   今天日期：

要改变的行为或做法：

目标描述：

改变原因：

改善后的收益：

关注点	行动内容	需要的支持	时间周期

潜在威胁   应对方法

■ 行动计划

名字：   今天日期：

要改变的行为或做法：

目标描述：

改变原因：

改善后的收益：

关注点	行动内容	需要的支持	时间周期

潜在威胁   应对方法

行动计划

名字：　　　　　　　　　　　　　　　　　今天日期：

要改变的行为或做法：

目标描述：

改变原因：

改善后的收益：

关注点	行动内容	需要的支持	时间周期

潜在威胁　　　　　　　　　　　应对方法

■ 行动计划

名字：   今天日期：

要改变的行为或做法：

目标描述：

改变原因：

改善后的收益：

关注点	行动内容	需要的支持	时间周期

潜在威胁   应对方法

作者介绍

约翰·帕克·斯图尔特（John Parker Stewart）

约翰是国际知名的高管教练、领导力和组织发展顾问、广受欢迎的演说家、美国国家获奖培训师、政府和国家机构教练、作者。从事教练和培训工作超过 35 年，为全球上千家企业提供服务。约翰专注致力于团队绩效、高管培养、变革管理和领导力培训。他连续 13 年为洛克希德·马丁公司（Lockheed Martin Space Systems Company，全球第一大军火公司）86 000 员工提供高管培养及领导力发展服务。他在 1980 年创办了"斯图尔特领导力培养中心"并开始了研究、咨询、培训及教练数千领导者——企业 CEO、主席、高管和经理的历程，其中包括对肯尼迪太空中心所有层级管理者超过 8 年的培训和教练。

早年的约翰进入美国科罗拉多大学，并在杨百翰大学获得学士学位。他的硕士研究方向是"组织沟通"，在伦敦完成了他的硕士论文，同时他的毕业作品获得了密歇根州立大学的认可并开始在大学执教。他在克莱蒙特研究生大学跟随管理大师彼得·德鲁克进行了更多的研究生学习。约翰连续两年被美国人才发展协会评选为"年度最佳培训师"。

约翰深入研究组织，与全球的企业共事。他服务过的客户包括美国国家航空航天局、洛克希德·马丁公司、花旗银行、东芝、施乐、雪佛龙、雷神、香港电讯、通用、壳牌-马来西亚、美国凯撒医疗集团、澳大利亚电信、美国空军、美国能源部、肯尼迪航天中心、波音、IBM、罗克韦尔自动化（全球最大工业自动化与信息公司）、英国宇航系统（世界第三大军火公司）、田纳西河流域管理局、杜克能源、诺斯洛普·格鲁门（世界第四大军工生产厂商、世界上最大的雷达制造商和最大的海军船只制造商）以及其他众多的政府机构及商业企业。

约翰定居于美国俄勒冈州奥斯威戈湖市。

约翰的个人网站：www.johnparkerstewart.com。

丹尼尔·J·斯图尔特（Daniel J. Steward）

丹尼尔擅长带领大规模的组织发展和变革管理。在过去的十年中，他作为组织发展的内外部顾问，为众多企业提供了领导力和团队发展、组织设计、教练、战略思维、流程改进等的服务，服务过的企业有科尔士百货公司、捷蓝航空、亚美亚通讯设备、洛克希德·马丁公司、VC start-ups。

丹尼尔在杨百翰大学获得国际关系学院学士学位，科罗拉多大学获得组织沟通与发展硕士学位。他在《Executive Excellence》、《Practicing OD》、《Proposal Management（APMP）》杂志以及 HR.com 均有发表文章。

译者介绍

王育梅

王育梅（Ligo Wang），作为领导者，有 10 年为全球第三大非营利性组织 Toastmasters 国际演讲会服务的经验：曾担任国际演讲会中国区主席，为中国大陆及香港、澳门在内的地区超过 8000 名会员提供沟通力和领导力成长的服务，目前担任中国区首席大使（District Chief Ambassador），负责推广全球总会教育计划在中国的实施与实践。作为资深培训管理专家，有 12 年从事企业培训体系搭建及关键人才培养规划与实施的经验，是国内众多业内顶级培训咨询机构的认可专家：上海交通大学特聘顶级培训管理专家及高级讲师，中国人才研究会金融人才专业委员会特聘顾问及高级讲师，中智培训中心特聘高级培训讲师，清华大学高级培训师课程认证班导师。目前，担任美国培训认证协会（AACTP）中国区主席及国际认证课程导师。

Ligo 致力于设计结果导向（行为和绩效变化）的人才培养规划并实

施验证，开创以 KPI 绩效考核为最终目标的学习地图的企业培训管理流程设计。12 年来服务过的客户包括中国海关总署、中国钢铁集团、中国海运集团党校、南方航空集团、交通银行总行培训中心、中国联通集团培训中心、中国移动、广东移动、中国银行上海分行、中国建行四川省分行、兴业银行、王老吉药业、南孚电池、雅莹、佳兆业地产、新城地产等。

Ligo 在华南理工大学获得电子与信息工程学士学位，在中山大学岭南学院和麻省理工学院获得国际工商管理硕士（IMBA）学位，在丹麦哥本哈根商学院（欧洲历史最悠久的商学院）进行硕士交流学习，师从 Judith DeLozier 获得美国 NLP 大学国际认证资深导师资质，常年作为《培训》杂志的专栏作者，曾获得《培训》杂志"2015 年度最受欢迎文章 TOP20"奖项。

相关资源

如果你期望系统持续提升你的团队领导力，或者希望提升团队凝聚力行动力，甚至实现组织的变革发展，我们都可以提供丰富的资源，帮助个人和组织实现领导力的提升

领导力系列书籍。 38 年高管领导力教练经验汇聚而成的团队领导力教练系列书籍，包括：

- 《LEAD NOW! A PERSONAL LEADERSHIP COACHING GUIDE FOR RESULTS-DRIVEN LEADERS》，中文译作：《**领导力行动学习手册**——（LEAD NOW!）21 项可实践、可提升的领导力行为习惯》

- 《52 LEADERSHIP LESSONS》，中文译作：《**52 个领导力故事**——（LEAD NOW!）21 项可实践、可提升的领导力行为习惯》

- 《52 LEADERSHIP GEMS》，中文译作：《**52 个领导力谏言**——（LEAD NOW!）21 项可实践、可提升的领导力行为习惯》

在线领导力测评及测评报告。 包括：

- 《21 项团队领导力行为习惯——自我评估》，适用于对个人的行为能力现状进行评估，找到关键差异行为能力，针对性地进行个性

化领导能力培养和发展。

- 《21 项团队领导力行为习惯——360 评估》，适用于在组织环境中对核心团队及领导者的实际领导行为能力的评估，通过 360 度团队评估，给予核心团队及领导者真实的评价，获得组织中核心团队领导者团队成员间的真实认知。

数字化在线学习资源。为了更好的帮助学习者理解，将 21 项行为能力的解读、实践建议、行动计划等，由导师实际案例进行针对的讲解说明，拍摄成 21 个行为习惯学习的视频 DVD，即可通过在线方式学习，亦可购买课程 DVD 进行学习。

个人行动手册 Individual Action Planning Workbook——针对 21 项行为能力改善，提供每个行为能力改善的分析、实践、总结、反思的工具量表，帮助学习者更有效的实现领导力学习后的转化应用实践，产生成效。

领导力发展研修课程——LEAD NOW!团队领导力行动学习系列工作坊，是一个全面持续帮助学员学习团队领导力，为了支持个人和组织持续提升领导力落地的系列课程工作坊，包括以下：

- AACTP《LEAD NOW!领导力行动学习版权课程讲师认证》
  （2 天 1 晚）

- AACTP《LEAD NOW! 国际注册领导力行动学习促动师认证》
  （3 天 2 晚）

AACTP ——全球首家专注培训师系列认证的权威机构

AACTP（American Association for the Certification of Training Program）美国培训认证协会，是全球最早专注于培训师系列认证的机构。注册于美国加利福尼亚州。

AACTP的研究及评委会成员都是评估与认证方面的专家，他们或曾受聘于美国南加州大学、斯坦福大学等知名学府，或曾为包括联合国在内的全球许多机构提供顶尖的咨询服务。

AACTP职业培训师发展路径图 AACTP Training Career Development

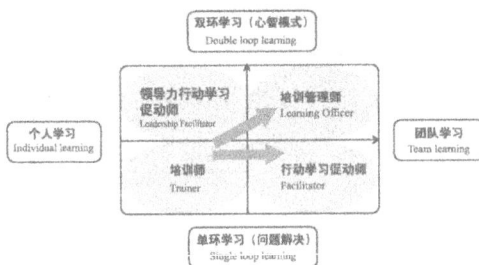

双环学习（心智模式）
Double loop learning

领导力行动学习促动师
Leadership Facilitator

培训管理师
Learning Officer

个人学习
Individual learning

团队学习
Team learning

培训师
Trainer

行动学习促动师
Facilitator

单环学习（问题解决）
Single loop learning

AACTP作为首家专注于培训师培养和认证的机构，常年开设职业培训师培养认证的系列课程，包括：

ICT-International Certificated Trainer
国际注册培训师认证

ICF-International Certificated Facilitator
国际注册行动学习促动师认证

ICLO-International Certificated Learning Officer
国际注册培训管理师认证

ICLF-International Certificated Leadership Facilitator
国际注册领导力行动学习促动师认证

培训师认证那么多
为什么是 ?

① 全球首家专注培训师系列认证的机构
AACTP自2004年开始在中国推行培训师系列认证体系，并授权美培会作为其在华正式管理机构。

② 在华认证培训师人数最多，包括众多知名职业培训师
截至2016年，AACTP已开设近400期认证课程，培养并认证15326名职业培训师。

③ 获得权威专业机构的广泛认可
AACTP凭借其完善的认证体系和服务实力，多次获选"中国企业培训最佳品牌课程"、在培训行业以及企业客户中被誉为"培训师的黄埔军校"！